Zu diesem Buch

«Jugenderinnerungen aus dem Dritten Reich, beschrieben aus den Erinnerungen eines Kindes, aber nicht die eines Kindes, dessen Eltern Nazis waren oder Helden des Widerstands, keine Jüdin, keine Zigeunerin, keine politisch Verfolgte, keine die untertauchen mußte, keine aus dem Konzentrationslager — bei der Autorin waren es Kinderheime, Krankenhäuser und friedliche Dörfer in Süddeutschland. Da waren zwar Gerüchte über das Abführen der Geisteskranken und Epileptiker, aber die Gerüchte wurden nicht verstanden: ‹Manches, was man hört, kann man nicht verstehen, nicht weil die Wörter zu schwierig sind, sondern weil das, was die Wörter sagen, so unmöglich ist, daß man es nicht verstehen kann.› Truusje arbeitet als Krankenschwester in einem Lazarett für schwerverwundete deutsche Soldaten. Später selber erkrankt und in einem Sanatorium, begegnet sie einem älteren Arzt, der sie darüber aufklärt, was die ‹Endlösung der Judenfrage› bedeutet. Die Schuppen fallen ihr von den Augen, und sie versteht nun Sätze wie ‹Die Schornsteine rauchen, es wird mit Juden geheizt›, und warum Esther eines Tages Friedel heißt . . .»

(aus: *NCR-Handelsblad*/Niederlande)

Biographische Notizen zur Autorin am Schluß dieses Buches

Truusje Roephalt

Amsterdam

14. 3. 2001

Truusje Roegholt

Die gläserne Stadt

Eine Jugend im Untergang

Jugenderinnerungen aus dem Dritten Reich

Edition Hans Erpf
Bern · München

Lektorat: Bendicht Arni

Originalausgabe «De glazen Stad», De Beuk, Amsterdam 1990

Postfach 6018 · CH-3001 Bern
ISBN 3-905517-45-0

Inhalt

1
Amsterdam

Neulich fragte mich an einem Abend mit Freunden eine der Anwesenden, die ich bisher nur flüchtig kennengelernt hatte, wer ich eigentlich sei und woher ich komme. Diese Frage kam natürlich daher, daß ich zwar gut Holländisch spreche – ich wohne schließlich seit 1949 hier in Amsterdam auf der Nieuwe Herengracht ... aber doch noch immer einen gewissen Akzent habe.

Meine Erinnerungen an früher waren bisher sehr zerstückelt, immer habe ich nur Fragmente erzählen können, und ich war erstaunt, daß mich diese Frage in dem Moment erfreut hat und daß ich eine Art Antwort darauf geben konnte. Als mein Mann und ich dann spätabends nach Hause liefen, der Gracht entlang und über die Amstel, erzählte ich ihm von dieser Unterhaltung.

Hier liefen wir, wie immer Hand in Hand, und die Stadt mit ihren schmalen hohen Häusern und ihren vielen großen, noch erleuchteten Fenstern stand um uns herum. Durchsichtig glitzernd, glänzend das Wasser, die vielen runden Brücken, die Laternen und die Bäume; es war da wieder die Kraft des Zaubers, die mich all die Jahre meiner Jugend wie ein starker Magnet festgehalten hat, seit ich da an der Hand meines Vaters gegangen war.

Es war, als sei eine Tür aufgesprungen. Ich konnte über alles sprechen, was bisher für meinen Mann nur als unbegreifliche Begebenheiten da gewesen war und was ich ihm doch so gerne erzählen wollte. Ich redete und redete, und er fragte mich nach allen Häusern und Menschen aus meiner früheren Zeit, die er zum Teil ja kennt. Da war an diesem Abend eine ganz reale Erinnerung.

«Du mußt eigentlich mal alles aufschreiben», sagte mein Mann, «über dein Elternhaus, das du nach dem Krieg als Trümmerhaufen wiedergesehen hast, wie du zu den Großeltern nach Amsterdam gingst, wie alles so schwierig wurde durch die Scheidung deiner Eltern und wie Köln und ganz Deutschland anfingen zu marschieren und wie es dir im Dritten Reich gelang, immer deine holländische Nationalität zu behalten. Erzähl von den Menschen, die dir begegnet sind in Internaten und Krankenhäusern; von den Marokkanern, die dich befreit haben, und von dem Herumziehen durch das zerstörte Deutschland, bis du deine Mutter wiedergefunden hattest. Dann kommt es von selbst, was geschah und wie geschehen konnte, was geschehen ist.»

Ich dachte, daß ich alles schon längst vergessen hätte, und ich war froh, daß sich auf diese Frage nach meiner Herkunft so viel meldete. Aber ehe man sich dann hinsetzt und die sich plötzlich überstürzenden Erinnerungen aufschreibt, muß man doch erst schlafen, und wenn dann der Morgen graut, kommt der Tag und verschüttet die klaren Bilder. Und doch habe ich nach ein paar Tagen angefangen zu schreiben.

2
Köln

Eigentlich verstehe ich schon, daß deutliche Erinnerungen an früher vage geworden sind. Da war wenig Ruhe in meiner Kindheit. Da war viel Getue. Meine Eltern waren liebe Menschen, sie hatten schon gute Eigenschaften, aber sie paßten überhaupt nicht zusammen. Meine Mutter, lebenssprudelnd überaktiv und immer am Leisten, am Schuften, so wie sie es selbst nennt, hatte meinen Vater, noch ehe ich bis drei zählen konnte, total in die Ecke gedrückt, in der er es sich zum Ärger aller gemütlich machte. Meine Mutter, kerngesund und bildhübsch, schoß durchs Haus. Schoß in die Stadt, mußte sich immer um alles kümmern und baute regelmäßig einen *Act* um ein Röllchen passende Nähseide.

Ich liebte unsern Garten, die Schaukel und die Beete, auch den großen weißen Gartentisch mit den zierlichen weißen, eisernen Gartenstühlen. Unser großer Garten grenzte an sechs andere Gärten, und oft stand ich am Gartenzaun, um in die andern Gärten zu schauen.

«Es ist eben ein ganz zartes Kind», wurde immer gesagt, und meine Mutter scheute weder Kosten noch Mühe, um aus dem zarten Kind ein lebensfähiges, tüchtiges Wesen zu machen. Sie hatte sich bei ihrer Heirat vorgenommen, zehn Kinder zu bekommen, aber es ist bei mir geblieben, weil mein Vater alles wehen ließ und zuviel trank.

Wir wohnten in der Lohrbergstraße in Köln-Klettenberg, einer Straße mit breiten Trottoirs, mit einer Reihe Birken an jeder Seite. Birken sind wunderschöne Bäume. Sie sind leicht und ungezwungen mit ihren schwingenden Zweigen, die im Frühling alle an einem Tag hellgrüne Blattspitzen kriegen, die grün werden, dann kommen noch Kätzchen mit krümeligen Samen, und dann werden die Birken charmant, sie werden gelb und alles fliegt durch die Luft, und dann werden die Birken schwarz-weiß und der Winter ist da, und alle warten wieder auf den Frühling.

In unseren Garten kam man durch die eiserne Gartenpforte, das Törchen. Weiter war da die Hecke von Liguster, die uns von der Straße trennte.

«Also der Jan muß doch endlich wenigstens mal die Hecke schneiden, wie sieht die denn aus!» krakeelte meine Großmutter, die Mutter meiner Mutter, die nicht lieb war, aber auch bei uns wohnte. «Der Jan» war mein Vater. Ich konnte meine Großmutter nicht ausstehen, weil sie häßlich aussah und war. Sie war dumm, rechthaberisch und jähzornig, und sie hat mich manches Mal, obwohl ich doch ein zartes Kind war und auch nicht sehr ungezogen, beinah halb totgeschlagen. Auch wohnte verschiedene lange Perioden die jüngste Schwester meiner Mutter, Else, bei uns. Sie war klein, «ein Stiefkind der Natur», hübsch und zierlich, elegant, etwas exzentrisch; sie war intelligent und wurde, wenn sie in die Enge getrieben wurde, sehr spitzfindig. Ich hatte sie lieb, denn sie war ruhiger, man sagte faul, aber um sie war wenigstens nicht immer die ewige Aufregung, in der sich meine Mutter befand.

Von 1924, meinem Geburtsjahr, bis 1936, als das Haus zu teuer wurde, haben wir in der Lohrbergstraße gewohnt. Wenn ich an die Zeit zurückdenke, es ist eine Zeit, die bis gestern vergessen war, fühle ich alles durcheinander: Heimweh nach meinem Vater, Unwillen und Unfähigkeit der Schule gegenüber, verletzte Liebe für meine Freundin Lotte, weil sich alles so schnell und abscheulich entwickelt hat. Ich war beschaulich und nicht so handfest wie die Lotte, die alles konnte; ich war «ein Ungeschicke so weit du warm bist», pflegte meine Großmutter zu sagen. Aber sie war ungeduldig und hat mir nie etwas erklärt. Ich glaube, das war keine böse Absicht, sie konnte es einfach nicht, das machte sie böse und dann schlug sie zu.

So wohnten wir zusammen und ich wuchs auf. Die Lotte war genau eine Woche älter als ich. Wir wohnten in Nummer 1 und Familie Braun gerade um die Ecke. Bei Brauns waren zwei Töchter, die Anna, zwei Jahre älter als wir, und die Lotte. Die beiden hatten immer schon hellblonde, lockige Zöpfe, als ich noch mit einem Pagenkopf herumlief. So lange ich mich entsinnen kann, war die Lotte, und auch die Anna, in unserm Garten.

Wie soll ich die kleine Welt, in der ich aufgewachsen bin, beschreiben? Es war ein grau verputztes Haus. Erdgeschoß, Parterre, erste Etage und zweite Etage, zum Teil mit schiefen Wänden, dann noch eine Treppe rauf zum Speicher mit dem Stippfenster, wo man den Sonnenuntergang über dem Klettenbergpark sehen konnte. Hinten raus, also in der Sonne, lag der große Garten. Weil das Haus an drei Seiten frei stand, konnte man durch die Gartenpforte mit dem Schlüssel durch die Gartentüre an den Kletterrosen vorbei in den Küchengarten kommen und von da aus rechts um die Ecke in den Garten. Den Küchengarten konnte man über eine Treppe von der Küche aus erreichen. Dort stand der Riesenschattenmorellenbaum, der sich einen halben Meter über der Erde in drei gleich starke Äste teilte. Dann war da ein kleines Beet in der Sonne, wo Petersilie, Schnittlauch, Sellerie und Bohnenkraut wuchsen. Viel später durfte ich dann auch mal ein paar Radieschen säen. Und direkt am Haus, und das war ein Wunder, denn Sonne kam da kaum hin, wuchs eine Reihe von sechs Fliedersträuchern, lila, dunkelrot und weiß. Sie blühten lange und kräftig, und der Duft blieb stehen, denn er konnte nicht weg, ich konnte mich beinah betäuben unter dem Flieder. «Was fleimelst du denn schon wieder unter dem Flieder?» war die Stimme, die mich ins Haus holte.

Wenn die Lotte kam, gab's keine Träumerei unter dem Flieder. Wir machten am Gartentisch auf den Knien in den großen Stühlen unsere Schularbeiten, wenn die Lotte dabei war, ging das wenigstens schnell. Wir wollten spielen oder im Garten was tun, aber ich war froh, wenn wir zusammen die Schularbeiten hinter uns hatten. Lotte war eine sehr gute Schülerin. Sie war auch gar nicht zart, nicht mal rachitisch (was man von mir immer behauptete), sie war kräftig und gesund und ganz auffallend hübsch und selbstbewußt. Sie hatte hellblonde Zöpfe, aus denen überall die kleinen Löckchen sprangen, und wenn sie wollte, konnte Anna ihr im Handumdrehn einen ganzen Schillerlockenkopf kämmen. Sie hatte ganz blaue Augen, aber die Schönheit prägten ihre rabenschwarzen Augenbrauen, die das Gesicht immer, wie schrecklich es auch werden sollte, zu etwas Besonderem machten.

Vater Braun, ein kleiner, dicker, fanatischer Bayer, war Pfarrer, aber er hatte seinen Glauben verloren; was er tat um Geld zu verdienen, weiß ich nicht, jedenfalls war er ein absoluter Tyrann. Frau Braun, lang und mager, und die Kinder parierten augenblicklich. Wenn wir im Garten spielten, pfiff er aus dem Fenster, und die Kinder sprangen auf und rannten nach Hause. Wenn wir ihn beim ersten Mal nicht hörten, pfiff er dreimal, dann bekamen die beiden, oder wenn nur die Lotte bei mir war, die Lotte alleine, eine große Tracht Prügel. Das hörte ich dann auch im Garten. Herr Braun war der scheußlichste Mensch, den ich kenne. Er war so bestialisch streng, daß keines seiner drei Frauchen, später auch nicht seine Mutter, die ins Haus kam, je etwas getan oder auch nur gedacht hätte, was nicht genau in seiner Richtung lag. Was er wollte, wußte er genau, und somit war das geistige Leben seiner Familie bestimmt. Alles lief am Schnürchen. Er war durch und durch mit sich selbst beschäftigt, das heißt, erst mit der Partei, in der er zu den ersten Mitgliedern gehörte. Später, als er todkrank wurde, trug er auf seinem Pyja-, nein: Nachtanzug — denn im Hause Braun durften nur reindeutsche Worte gebraucht werden — auf dem rechten Ärmel die Hakenkreuzbinde der Uniform. Er hat es, glaube ich, nie bemerkt, daß es noch Leute gab, die die Partei gar nicht so was Gutes fanden.

Herr Braun lief im Winter in grünen Kniehosen und Wickelstrümpfen herum und im Sommer mit abgewetzten Lederhosen, kariertem Hemd und Hut mit Gamsbart, für Köln etwas Außerordentliches! Er war keine Zierde der Lohrbergstraße. Aber mein Vater kam immer öfter nach Hause geschwankt, und das war auch nichts.

Bei uns zu Hause war man nicht an Politik interessiert, aber eins war gut: «Es ist ja abscheulich, die Hakenkreuzfahne mit den Blutflecken!» Es war auch abscheulich. Es waren richtige Menschenblutflecken. Nie mehr habe ich solch ein Nazihaus erlebt wie das Braunhaus. Und alle Gedanken daran zerstören die menschlichen Erinnerungen. Die Holderküchel, die Mutter Braun backte und die wir so gerne aßen; das Graubrot mit Speck, das sie mir gab, wenn die Oma mir tagelang dieselbe Suppe vorsetzte, weil ein Kind alles essen mußte, und ich langsam Hunger bekam und zu Frau Braun ging — all die normalen Dinge sind vergiftet, und wenn ich an das Haus denke, weiß ich, daß bis aufs Klo die Hitlerbilder hingen, in allen Gängen und Zimmern, damals schon.

Und das Haus hing voll Runen, die Frau Braun gebacken hatte, Lebensrunen und Gott weiß was, die an roten Wollfäden zwischen den Bildern der gräßlichen Nationalsozialisten hingen.

Meine Großmutter und die Tante Else redeten manchmal über das, was in der Zeitung stand oder was sie im Radioapparat gehört hatten. Wenn Hitler sprach, reagierte man in den beiden Häusern ganz verschieden. Bei Brauns wurde still gegeseen und zugehört, und nach zwei Stunden, wenn das Geschrei wieder mal vorbei war und Hitler seinen tobenden Orgasmus erreicht hatte, wurde alles ernsthaft besprochen und für gut befunden. Tante Else sagte bei uns nach zwei Minuten: «Also, ich kann den Kerl nicht ausstehen, was will er denn? Was hat er denn wieder?» Und dann: «Ich schnüre ihm die Fresse.» Und sie drehte den Radioknopf um.

Schon ehe es soweit war, ehe Hitler an der Macht war, wollte man bei uns nichts von ihm und seiner Politik wissen. Vor den Wahlen 1932 gab es Zeitungen und Flugblätter mit den Gesichtern derer, die kommen wollten. Die Oma und Tante Else saßen zusammen, und ihre Beurteilung der Partei war: «Um Gottes willen, die haben ja alle Verbrecherköpfe.» Meine Mutter fand das auch, aber sie mußte doch immer so viel «leisten», daß sie sich mit solchem Humbug nicht beschäftigen konnte. Außerdem war sie durch ihre Ehe Holländerin geworden und durfte nicht wählen. So ging die Infiltration mit schlechten Nazigedanken an mir vorbei. Was ich in der Zeit natürlich nie gesehen habe, ist das Glück, so unbelastet zu sein, und auch nicht die Gefahr, die es in sich barg, unbelastet und auch radikal dagegen zu sein. Doch habe ich der

Lotte nie solche Sachen wie mit dem Radioknopf erzählt. Das war alles noch bevor ich mich mit der Lotte verkracht hatte.

Als wir sechs Jahre alt waren, brachte mich die Oma zum ersten Mal in die Schule. Frau Braun ging auch mit und die Anna auch. Und ehe jemand hätte eingreifen können, saßen die Lotte und ich nebeneinander in der vordersten Bank bei der Türe. Ich hatte Angst vor allem, was da kommen sollte, und als das Fräulein uns fragte: «Na, ihr beiden, möchtet ihr beisammensitzen?», fiel mir ein Stein vom Herzen.

So saßen wir im ersten Schuljahr auf dem Manderscheiderplatz. Die anderen Kinder aus der Gegend gingen alle auf die katholische Schule am Ende der Lohbergstraße. Aber wir kannten uns alle, weil wir den ganzen Sommer lang zusammen auf der Straße spielten. Hüppekästchen, Räuber und Schanditz, Verstecken, Nachlaufen und Figurenwerfen. Warum weiß ich nicht, aber das fand ich am schönsten. Auch spielten wir Ball.

«Also, Kinder, ihr kommt noch unter ein Auto. Trüssel, komm rein!» Das war die Stimme der Oma. Ich glaube, daß in der Zeit nicht mehr als zwei Autos pro Tag durch die stille Lohrbergstraße fuhren.

Wir hatten viele verschiedene Hüppekästchen. Mit Himmel und Hölle: Man mußte mit dem Stein auf dem Fuß und ohne auf die Striche zu treten bis in den Himmel kommen. Wenn der Stein fiel, mußte man in die Hölle, und wenn man Glück hatte, wurde man von jemand anderem erlöst. Wenn man dran war, standen die andern und schauten zu, ob man nicht ab war.

Es gab auch einfache Zahlenkästchen, da mußte man springen und ein Fach war Ruhe. Dann sprang man weiter und drehte sich im Sprung zurück bis zum Anfang. Das war dann eins. Dann warf man den Stein in zwei, sprang weiter und über Ruhe wieder ganz zurück; und so ging es bis zwölf.

Wo unsere Straße um die Ecke Siebengebirgsallee bog, war das Trottoir ganz breit, und da waren wir plötzlich mitten in einem Spiel, ausgelassen, aber mit welch einem Text! Weder Himmel noch Hölle, noch Erlösung. Nein, dieses Spiel, mit großen Kreidestrichen auf unserer Ecke gezogen, hatte den Namen: Deutschland erklärt den Krieg gegen . . .

Es war viel aufregender als das treu-doofe Hüppekästchen. Ein ganz großes Quadrat, eingeteilt in vier gleiche Fächer; im Schnitt der Fächer ein Kreis, in den vier Teilen des Kreises die Buchstaben der Länder, die sich bekämpften. Immer war ein Buchstabe D, denn Deutschland erklärte ja den Krieg. Die mindestens vier Mitspieler, es konnten auch mehr sein, stellten den rechten Fuß in den Kreis, und dann ging's los. Man brüllte: Deutschland erklärt den Krieg gegen . . . Frankreich! Also «war» Frankreich. Frankreich mußte dann probieren, einen zu ticken. Wer dran war, durfte über alle weißen Striche rennen, außenrum und über das Verteilkreuz. Wenn zum Beispiel England getickt war, bekam Frankreich eine Kolonie. Man konnte zwei verschiedene Kolonien kriegen: entweder mit einem Sprung in das Fach England, da ein Kästchen kriegen so groß wie ein Fuß, oder aus der äußersten

Ecke des eigenen Landes ins Freie springen und da ein Kästchen kriegen, um auszureißen. Hier fielen die Absichten der Kinder deutlich auseinander. Die, die siegen wollten, machten ihre Kästchen im Lande der Feinde; wer aber übrigbleiben wollte, und das war ich immer, der sorgte, daß er schnell zwei Fluchtkästchen bekam, denn dann war man weg vom Krieg, man war zwar kein Held, aber man blieb wenigstens übrig. Und dann ging es weiter: Frankreich erklärt den Krieg gegen . . . England. Es war ein spannendes Spiel, an dem alle mitspielen konnten und niemand beschaulich am Rand stand, um zu sehen, ob wer ab war oder in die Hölle mußte.

Ob dieses Spiel auf dem Misthaufen der Partei gewachsen war und die Kinder schon so ein bißchen vorbereiten sollte? Eigentlich glaube ich das schon.

Vom Großen Krieg wußte ich nicht viel. Nur, daß der Onkel Walter, der einzige Bruder meiner Mutter, in seinem ersten Jahr Medizinstudium gleich am Anfang in Nordfrankreich gefallen war. Meine Großmutter hat mir die Geschichte erzählt. Die Familie wohnte in Dresden, wo mein Großvater eine große chirurgische Praxis hatte. Der Krieg brach 1914 aus, und auch der Walter wurde eingezogen. Er wollte aber nicht. Er wollte erst, genau wie der Vater, Arzt werden. Da aber kamen seine Kommilitonen, und sie johlten auf der Straße: «Breitbach, feige Memme!» Die stolze Großmutter erzählte die Geschichte nur einmal, und ganz flach, als wüßte sie nicht, ob sie ihrem Sohn oder den Kommilitonen recht geben sollte. Jedenfalls war sie nicht stolz darauf, daß ein Breitbach auf der Straße deshalb «feige Memme» geschimpft wurde. Nun ja, sie hat teuer bezahlt. Walter ist einer der ersten Gefallenen gewesen, und ihr Mann hat als Militärarzt am Ende des Krieges einen Schlaganfall erlitten.

Eines Tages, als gewählt werden mußte, ging die Oma mit der Tante Else zum Wahllokal. Die beiden haben nicht für Hitler oder einen der Seinen gestimmt, und sie waren verblüfft, als ihnen ein Braunhemd eine Nadel «mit seiner Fresse» ansteckte. Sie haben mir die Nadeln gezeigt, ein groschengroßes Blechstückchen, dareingestanzt das Profil. Das Resultat der Wahlen war 99,9% für Hitler. Wir waren erstaunt, daß nicht mehr als zwei Gegenstimmen gezählt worden waren. Aber schließlich waren es Menschen, die die Stimmen gezählt haben, und diese Menschen hatten andere Normen als wir. Damals schon.

Mein Vater, Jan Willems, war Holländer. Als ich noch klein war und es noch gut zwischen meinen Eltern ging, fuhren wir öfters nach Amsterdam, und wir logierten dann bei meinen Großeltern in der Hacquartstraat. Dort war Oma Dina, eine kleine dicke Frau, die lange schwarze Kleider trug und die in ein Wespentaillen-Korsett verpackt war. Das deformierte ihre Figur, denn dadurch berührte ihr üppiger Busen fast ihr molliges Kinn. Sie trippelte auf schwarzen, glänzenden Schnürstiefeln und war mit besonders schönem altem Goldschmuck und schwarzen Jettketten behangen. Mein Opa Frits war viel größer als sie, er war ein fröhlicher Mensch. Ihre vier Kinder, drei Söhne und eine Tochter, waren nun alle verheiratet. So war es für mich da in der Hacquartstraat in Amsterdam Süd ein ganz besonderes Haus. Ich hatte zwei ältere Vettern, später wurden es bei fast jedem Besuch mehr. Meine Tante Dina hatte etwas für mich ein bißchen Furchterregendes, sie hatte sich eben zwischen den drei Brüdern behaupten müssen, und anders als ich es in Köln gewohnt war, sagte sie die Dinge, wie sie waren, und ihre Bemerkungen waren herzhaft und sicher schärfer, als sie gemeint waren.

Ich, die schlecht aß, weil ich immer allein war und dieses schlechte Essen in Köln ein nicht ablassendes Gezeter war, saß eines Tages neben ihr am Tisch. Es war ein langer Tisch voll Familie, und das Haus fand ich doch ein ganz großes Vergnügen, denn man ißt in Holland abends die warme Mahlzeit, draußen war es schon dunkel. Ich hatte einen Riesenlatz um und saß auf einem Haufen Kissen, weil ich sonst nicht mit der Nase über den Tischrand gekommen wäre. Die ungewohnte Fröhlichkeit am Tisch ließ mich ganz schön zulangen. Es gab Schweinebraten und Endiviengemüse mit Muskat und Kartoffeln, ein Gericht, das man in Köln nicht ißt. Da sagte Tante Dina zu mir: «Truusje, du ißt uns noch die Ohren vom Kopf!»

Mein Vater zeigte mir Amsterdam. Einmal hat er mich mit ins Aquarium genommen. Ich war tief beeindruckt von der stillen, dunklen Welt der Fische, die da durch die großen Becken schwammen. Ich drückte meine Nase an den Scheiben platt und fand es zauberhaft.

Ein andermal machten wir einen abendlichen Spaziergang durch die alte Stadt Amsterdam. Am Wasser entlang haben wir all die Häuser gesehen, die schmalen hohen Häuser, alle verschieden, alle mit ihren vielen großen Fenstern ohne Gardinen. Das war anders als das alte Köln, wo wir auch zusammen spazierengegangen sind. Die Häuser dort waren gleich alt, auch so ungefähr dreihundert Jahre, aber dort waren ganz kleine Fenster und kein Fenster ohne Gardinen. Aber Amsterdam war durchsichtig, und die vollen Giebel spiegelten sich klar und aufregend im Wasser der stillen Grachten. «Siehst du, Kind, Amsterdam ist eine gläserne Stadt», sagte mein Vater.

Als es nicht mehr gutging zwischen meinen Eltern, hörten die so selbstverständlichen Besuche in Amsterdam leider auf.

Mein Vater war Tabakhändler. Er ging regelmäßig nach Amsterdam und kaufte im Versteigerungslokal Frascati für deutsche Firmen Tabak ein. Die Musterbüschel nahm er in einem gelben, geflochtenen Koffer mit nach Hause in den Tabakkeller. In seinem eigenen Koffer hatte er immer einen Haufen ganz spezieller Überraschungen aus Amsterdam. Wenn er mit den Koffern aus der Linie 20 stieg, auf der Luxemburgerstraße, und so die ganze Lohrbergstraße runterlief, hüpfte eine große Schar Kinder hinter ihm her: der Onkel Jan kommt nach Hause. Und dann kam er wie der Rattenfänger von Hameln und nahm die Schar mit ins Herrenzimmer. Es gab sofort *Beschuit* mit *Hagelslag*, und er zeigte die Silberzwiebelchen und andere

Schätze. Wenn die Stimmung gut war, versprach er, mal zu zaubern. Er war fröhlich, ich saß auf seinem rechten Arm und hielt seinen linken Daumen fest, und er sang einen Walzer, mir zu Ehren gemacht mit dem Text: «Dag mijn lieve Truusje, dag mijn lieve Truusje», so tanzte er mit mir durchs Haus und oft auch in den Garten.

Im Sommer ging ich an der Hand vom Papa durch die Lohrbergstraße über die Luxemburgerstraße bis an den Gürtel. Die Luxemburgerstraße ist sehr breit, links und rechts Trottoirs, dann die Fahrbahn, dann die Schienen für die Linien 20, 21 und die Vorortbahn, und im Herzen der Straße war noch Platz genug für einen breiten Fußgängerstreifen, der durch zwei Reihen Platanen von der Straßenbahn getrennt war. Alles ist heute wieder so, nur fehlt die Bude vom alten Engels. Das war die Zeitungsbude, wo der Herr Engels und seine Frau saßen und Zeitungen, Zigaretten und ein bißchen Süßigkeiten verkauften. In meiner Erinnerung waren die beiden wie eine Art Zwillinge: beide dick, beide freundlich und richtig kölsch, beide trugen eine Brille mit ganz dicken Gläsern, wodurch sie große Eulenaugen hatten. In der Bude saßen sie erhöht, so daß sie den Kunden auf der Straße ins Gesicht sahen. Die Theke, auf der die Zeitungen lagen, war so hoch, daß die Kunden mit den Armen draufliegen konnten. Das führte immer zu langen Gesprächen. Ich war noch so klein, daß mein Kopf weit unter der Theke blieb. Aber ich wurde nie vergessen. Da stand Herr Engels auf, kam extra aus der Bude und sagte: «Och Trööschen, giff es en Händsche», und dann gab ich ihm ein Händchen. Der Papa kaufte den Stadtanzeiger, und wir gingen wieder nach Hause, wo er sich mit der Zeitung in den Klubsessel fläzte und die Zeitung las und mit dem Silbenrätsel anfing.

Manchmal empfing mein Vater seine Kollegen und Geschäftsfreunde zu Hause. Dazu diente das Herrenzimmer. Dunkelviolett tapeziert, dunkelgrüne Plüschvorhänge an braunen Holzringen vor den zwei Fenstern, die auf die Straße gingen, violetter Samtteppich und Mahagonimöbel. Vor dem hinteren Fenster das Pult meines Vaters; daneben gegen die Wand der Schrank mit den Glastüren und den grünseidenen Gardinen; der runde Tisch mit vier Stühlen, das graue Sofa und die Rauchecke mit Rauchtisch und drei ledernen Klubsesseln. Über die Lehnen der Sessel Lederbänder, auf denen Aschenbecher waren. Wenn das Zimmer benutzt wurde, war es wie in einem dichten Nebel ohne Sicht. Rauchschwaden, Rauchringel, Zigarren und die Gläser und Flaschen. Das konnte schon um zehn Uhr morgens anfangen, und die Geschäfte, die da gemacht wurden, waren für uns Außenstehende unbegreiflich. Damals habe ich nicht darüber nachgedacht, daß es für meine Mutter nicht so einfach war, ihr Eheleben. Ob sie selbst darüber nachdachte? Die Großmutter hatte jedenfalls besonders wenig Vertrauen in die Art, wie die jungen Männer da Geschäfte machten. Und, übrigens, in die ganze Lebensweise ihres Schwiegersohns. Sie trat für ihre Tochter ein, und gerade dadurch wurden alle Annäherungsversuche, die in meiner Mutter selbst aufwallten, im Keim erstickt.

Durchs Törchen lief man ein paar Schritte durch den Vorgarten, die Steintreppe hinauf, und so kam man durch die Haustüre ins Haus. Da war die kleine Garderobe für Mäntel und Hüte, und in der Ecke stand der Schirmständer, die Reproduktion einer römischen Vase mit einem Fries spielender Putten. Eines Tages fiel diese Vase einer Putzwut zum Opfer und war auf einmal ganz gipsweiß. Wie schön sauber, fand das Mädchen, und ich sah erst dann, wie hübsch die Vase gewesen war.

In der Diele gab es noch eine große Garderobe. Man konnte von da aus in drei Räume gehen: da war die Herrenzimmertür, die Eßzimmertür und die Küchentür; dann war da die Treppe rauf und noch eine kleine Treppe runter. Licht kam durch die Haustür, durch ein kleines Fenster neben der Haustür und durch zwei Fensterchen über der Garderobe. In der Diele hing eine sehr schöne Lampe, Messing, mit sechs geschliffenen rechteckigen Glasplatten.

Vorbei an der Treppe nach oben lief man die vier Stufen runter und stand vor den für mich verbotenen Türen. Rechts das Mädchenklo, das waren zwei weiße, saubere Räume mit zwei Fenstern, die sich direkt in den Flieder öffneten. Außer im Winter war es dort grün und geheimnisvoll wie in einem Aquarium, und wenn der Flieder blühte, duftete es stark. Auf diesem Klo war man immer alleine. Oben war es ja im Badezimmer, jeder konnte reinkommen und niemand fand das, glaube ich, unpassend, aber ich hatte keine Lust, wenn zum Beispiel die Oma in der Badewanne rumfuhrwerkte oder mein Vater entspannt im Wasser lag.

Es hat manches Donnerwetter gegeben, wenn ich da unten erwischt wurde, denn es war mir ja verboten. Die Mädchen haben mich nie verraten, aber ich hatte das Gefühl, daß ich immer gesucht wurde.

Die Tür links führte in den Keller. Dieser war mir nicht so streng verboten, aber ich hatte da ja nichts zu suchen. Und wie gerne war ich da! Dann saß ich auf einem Schemel im Tabakkeller und roch den Duft von den Musterbüscheln. Ich kannte den Unterschied. Der graubraune Havanna roch ganz anders, viel sanfter als der gelbbraune Virginia. Mein Vater fand das natürlich nett, daß ich das wußte. Wenn er im Keller arbeitete, hatte er einen braunen Kittel an. Er ordnete die Musterbüschel und hatte einen speziellen Tisch mit geheimnisvollen Holzkästchen, in denen er geschickt vielerlei Zigarren machte. Der Tabakkeller war immer luftig. Man konnte die Fenster schon zumachen, aber das geschah selten, weil die Eisenroste die Luft durchlassen mußten.

Weiter war da noch die Waschküche, wo nach den traditionellen Regeln der Kunst gewaschen wurde, in einem Kohlenkessel mit viel Seifenlauge, Schachteln gab es mit Stärke und Bläue, und auf einmal hing der ganze Garten voll Wäsche zum Trocknen. Wenn es regnete, mußte die Wäsche in der Hundehütte aufgehängt werden. Dieser Raum lag unter dem Wintergarten, war aber so gebaut, daß man da nicht stehen konnte. Da half ich oft den Mädchen, denn ich konnte da wohl stehen. Aber im Haus fand man das nichts, das Kindel mußte nicht den Mädeln die Arbeit abnehmen.

Ein paar Stufen rauf, und man war wieder im Garten bei der großen Schaukel, beim Mandelbäumchen, bei den Johannisbeeren und bei dem langen Erdbeerbeet. Zwischen dem Erdbeerbeet — die ganze rechte Gartenseite bis zum Spalierobst — und dem Blumenbeet links bis zum Sandkasten lag der Rasen mit den Rosenbeeten links und rechts. Je ein Rosenstock und drei Sträucher. Den ganzen Sommer über konnte meine Mutter aus dem Garten schöne Sträuße holen. In allen Zimmern im Haus standen Blumen oder Zweige.

Als ich noch klein war und alles noch gutging, versorgte mein Vater den Garten, so daß alles blühte und sproß. Die Erdbeerpflanzen wurden geschnitten und gaben viele verschiedene Erdbeeren, große dicke leckere und kleine, wie Ananas duftende. Hinten unterm Spalierobst wuchsen auch ein paar Erdbeeren aus dem Wald. Das war wieder was für meine Mutter. Der Vater liebte den Garten. Rosen, das waren Blumen. Die Mutter liebte die Wiesenblumen, ja, Rosen waren auch Blumen. Aber das war nicht ihr eigentliches Problem.

Mehr noch als die untere Etage war das Schlafzimmer meiner Eltern für mich der Inbegriff von allem Luxus. Die goldschimmernde Tapete, das mächtige, geschwungene Doppelbett aus dunklem Nußbaumwurzelholz mit altrosaseidenen Daunendecken darüber und Hohlsaumbettwäsche, dann der riesige Schrank mit drei geschliffenen Spiegeln, zwei innen, auf denen man sich in endlosen Reihen spiegeln konnte, und einer außen, der die Sonnenstrahlen in bunten Regenbogenflecken auf die Wände warf. In dem Schrank hing die gewaltige Garderobe meiner Mutter.

Die Lampe war eine Marmorampel an einer rosa Seidenkordel, und da waren die Nachttischlämpchen, weiter der Ablegetisch am Fenster und die Tür zum sonnigen Balkon. Als ich noch klein war, stand dort mein Kinderwagen, ich glaube, daß das meine erste Erinnerung ist: auf dem Balkon, der groß war und zum Teil überdacht, mit einer Bank und einem langen Tisch, rundherum grüne Gardinen, orangefarben abgesetzt, die man gegen Wind und zuviel Sonne zuziehen konnte. Es wohnte in dem Garten eine Amsel, und gegen Abend und auch morgens habe ich, wenn sie in der Regenrinne saß, stundenlang den Amselliedern zugehört. Wenn ich pfiff und die Amsel rief, hat sie oft geantwortet. Es machte mir Freude, mit der Amsel zu singen. Auf dem Balkon habe ich auch oft Seifenblasen geblasen. Vom Balkon aus konnte ich alle sechs Gärten überblicken, die an unsern Garten grenzten.

Vom Schlafzimmer aus konnte man natürlich ins Treppenhaus, aber auch in mein Zimmer gelangen. Von meinem Zimmer und vom Treppenhaus kam man in die Badestube, wo die «herrschaftliche» Toilette war.

Dann ging's wieder eine Treppe rauf, da war gleich links das Mädchenzimmer. Mit weißem Metallbett und weißem Kleiderschrank, mit einem Tisch und Stühlen am Fenster und einem Waschtisch mit Becken und Wasserkrug. Das Mädchen durfte sich abends einen Kessel heißes Wasser mit raufnehmen. Die Haltung der Familie den Mädchen gegenüber ist, denke ich, das Absurdeste, woran ich mich erinnere. Nicht daß die Mädchen Tiere waren, so schlimm war's nicht, aber Menschen waren sie doch auch nicht ganz. So hatten die Mädchen alle vierzehn Tage einen freien Sonntagnachmittag, Besuch gab es nie, und wenn wir Tagestouren machten, hatten die Mädchen dafür zu sorgen, daß der Tisch gedeckt, das Essen fertig und das Haus aufgeräumt war. Ich mochte die Mädchen gerne. Sie kamen meistens direkt von zu Hause, von der Schule, es waren noch halbe Kinder. Sie konnten, so wurde immer gesagt, von meiner Großmutter viel lernen. Das war ja wahr, aber sie war doch eine schwierige Herrin. Sie schuftete schon mit, wenn es nötig war, manchmal auch nicht, und dann war es schon ein Haufen Arbeit da im Haus, wo alles «bis ins letzte Tiftel» in Ordnung sein mußte. Der Garten, die Wäsche, kein Stäubchen im Haus, die Speisekammer, das Eingemachte, das Silber.

Einmal in der Woche kam Frau Stiel, eine ältere Dame, die die Bettwäsche und sonstiges reparierte. Eine magere Frau mit einer großen Brille, die unentwegt hinter der Nähmaschine saß oder am Bügeltisch stand. Sie sagte guten Tag und auf Wiedersehn. Ob sie mit uns aß, weiß ich nicht, vielleicht aß sie in der Küche. Sie war Witwe und hatte einen Sohn.

Auf dieser Etage wohnten auch meine Großmutter und Tante Else. Sie hatten zwei Zimmer und ein kleines Badezimmer mit ihrem Klo. Diese Zimmer oben hatten ein paar schräge Wände und darin eingebaute Fenster. Eine letzte Treppe führte zum Speicher mit Stippfenster und endlos vielem Kram, alles fein säuberlich aufgeräumt, aber für mich interessant und natürlich verboten. Ich liebte dort das Stippfenster, denn da konnte ich bis in den Klettenbergpark sehen. Da kam auch manchmal die dicke schwarze Katze der Nachbarn durch die Dachrinne. Zu mir. Da hörte ich im Sommer oft den Schwalben zu, die am Himmel hin und her schossen, und da kamen aus dem Park die seidenweichen Pappelflocken reingeweht. Das also war das Haus. Eigentlich ein gutes und schönes Haus, so im Garten und mit den vielen Fenstern und zu vielen Türen.

Im Garten habe ich noch den Pfirsichbaum vergessen, und wenn die herrlichen weißen Pfirsiche von Nachbar Thönis reif waren, stießen wir, die Lotte und ich, auf der Schaukel mit den Fußspitzen gegen den Ast, der über unsern Zaun hing, und da fielen die leckersten Pfirsiche meiner Welt herunter.

In der Pfirsichzeit bin ich eines Tages nach dem Krieg da herumgeirrt, von den Häusern war kaum noch was übrig. Aber der Pfirsichbaum stand noch da mit reifen Pfirsichen. Ich lief verdrießlich rum und schaute in den Baum. Da kam aus dem Nachbarschutthaufen ein ganz kleiner, krummer Herr Thönis zum Vorschein, der vielleicht dachte, daß ich plündern wollte. Ich hatte einen Trainungsanzug an, er erkannte mich natürlich nicht, denn er hatte mich zuletzt als Kind gesehen. Er knurrte böse, daß ich mich wegscheren solle, und ich sagte: «Aber Herr Thönis, warum schimpfen Sie denn auch noch mit mir? Ich finde hier alles schon schlimm und elend genug.» Er traute seinen Augen kaum, aber als er mich erkannt hatte, bat er mich in seinen Garten, den ich als Kind nie betreten hatte, und gab mir mit seinen glatten, krummen, zitternden Händen ein paar der herrlichen Pfirsiche.

In Gedanken habe ich vielleicht die Lohrbergstraße darum so genau beschrieben, weil ich sie zuletzt ja als Trümmerwüste gesehen habe. Heute, 1982, ist alles wieder aufgebaut, auch die Birken sind wieder da.

Schon als ganz kleines Kind hatte ich in mir eine Urangst, die mich immer begleitete, die ich nicht verstand, über die ich nie gesprochen habe. Diese Urangst bezieht sich auf einen bestimmten Teil meines Lebens, das denke ich jetzt. Da ein anderer Teil meines Lebens nicht von dieser Urangst erfaßt wurde, ist es mir im Laufe der Jahrzehnte mit Hilfe von denen, die es gut mit mir meinten, gelungen, in eine Art Gleichgewicht zu kommen.

Wenn ich heute an meine Kinderurangst denke, scheint es mir, als sei sie von zwei Seiten gekommen. Von innen heraus und von außen herein. Vielleicht wohnt in jedem Menschen eine Urangst, vielleicht bleibt sie schlafen, wenn sie nicht gereizt wird. So wie erst nach einem Regen die Wüste aufblüht, denn der Samen ist da, immer.

Meine Mutter wollte mich mit aller Gewalt stark machen. Sie glaubte an eine Pille oder Methode für alles, ein Arzt irrt sich nie. Also ging's wieder ins Kurhaus von Bad Dürrheim mit den langweiligen Gästen.

Im großen, hohen Speisesaal waren weißgedeckte Tische mit Zuckerhutservietten, die nach der ersten Mahlzeit in die Serviettentaschen gefaltet wurden.

Dunkelgrüne, trübsinnige Palmen standen zur Dekoration, und die Ober hatten schwarze Anzüge. Ich hatte schwarze Lackschuhe mit Spangen, hellblaue Makko-Kniestrümpfe, dünne blasse Beine, das ärmellose Crêpe-de-Chine-Kleid mit elfenbeinfarbener Pelerine und meinen glatten Pagenkopf.

Unser Tisch stand ganz am andern Ende des Saales am Fenster. Ich trippelte über das Parkett und hörte meine Mutter voller Freude zur Oma sagen: «Ach, sieh doch das Trüssel, wie selbstbewußt es läuft, wie ladylike!»

Tante Else erklärte mir später, als ich sie mal fragte, was das denn zu bedeuten hätte, eine Lady sei eine schöne, vornehme Dame, die alles kann und die sich immer gut beträgt. Das zog mich nicht im geringsten an, damals, und heute noch nicht.

Jeden Morgen entweder ein Solbad, ein Fichtennadelbad oder inhalieren, und danach zwei Stunden ins Bett. Nach dem Mittagessen lief die Mutti dann mit mir über einen langen geschlungenen Weg durch Felder mit Obstbäumen bis zu einem kleinen geheimnisvollen Wald. Durch die vielen Kurven im Weg schien es jedesmal, als weiche der Wald weiter weg. In dem Wald war nur ein kleiner Pfad, und weil wir fast jedes Jahr sechs Wochen dort waren, erinnere ich mich noch an alle Pfützen und Bäume, an die kleinen Lichtungen, an die Blumen und Gräser und an die Pilze, die Fliegenpilze, aber auch die vielen Pfifferlinge, die wir pflückten und die sie abends auffädelte und in die Sonne hängte zum Trocknen. Pilze erkennen habe ich früh gelernt. Reizker mit orangem Saft, Steinpilze, Birkenpilze, Champignons, Tintenpilze — ich wußte, wo sie zu finden sind, und ich liebte es, im Wald zu sein. Die Mutti hatte im Wald immer viel zu erzählen, von den Elfen und Zwergen, sie sah sie huschen, ich erst nicht, später dann schon auch. Wir aßen auch viele Beeren, Erdbeeren, Heidelbeeren, Himbeeren, und wir machten uns auf einem Baumstumpf einen Tisch, den wir erst mit Blättern deckten. Die Puppe Kätie war auch dabei, wir machten eine festliche Mahlzeit im Wald. In der Zeit gab es in Dürrheim viele Eichhörnchen, die waren nicht scheu, ich konnte sie gut sehen. Im Wald erlebten wir eine Märchenstimmung, etwas, worin ich mit der Mutti vertraut war. Aber diese märchenhaften Momente konnten nur dann entstehen, wenn niemand anders dabei war.

Im Märchenwald von Dürrheim liegt auch meine erste Erinnerung an die Urangst.

Da lag einmal an unserm Traumpfad in einer großen Pfütze ein umgefallener Tannenbaum. Das losgerissene Stück Erde mit starken, ausgerissenen Wurzeln stand seitwärts drohend hoch. Es war ein unerwarteter Anblick, mir schien es riesengroß, ich war ja auch selbst noch ziemlich winzig, vier oder fünf Jahre alt. Ich blieb also erst mal stehen. Ich wollte nicht vorbeigehen. Meine Mutter sagte, es sei doch nichts Schlimmes, es tue doch nichts. Aber nur mit haarsträubendem Grauen hat sie mich weitergekriegt, vielleicht getragen, denn sie war stark und ich war klein. Sie hat schon versucht, mir drüber hinwegzuhelfen, auch bei andern umgefallenen Bäumen, wenn mich meine Urangst ergriff. «Schau mal, hier wächst doch wirklich eine Walderdbeere in der Erde von dem umgefallenen Baum.»

Als ich größer war, habe ich den Mut gefaßt, hinzuschauen. Es war wahr, daß da eine Erbeerpflanze wuchs, oder sonst was, und es geschah nichts Schlimmes, wenn ich hinsah, aber die unbegreifliche Angst blieb; wenn ich auch einsah, daß es eine unnötige Angst war. Aber Angst ist Angst. Nicht daß ich geschrien hätte, aber ich fühlte mich fast ohnmächtig werden. Heute macht es mir nichts mehr aus, aber gerne sehe ich einen entwurzelten Baum nicht. Bei einem Wasserfall ist es heute anders, den sehe ich wohl gerne, aber es umfängt mich noch immer etwas Haarsträubendes. Wenn ich keinen solchen Baum sah, konnte ich darüber lachen, aber wehe, wenn mir einer über den Weg fiel. Mit einem Wasserfall war es dasselbe. Während niemand, der mit mir lief, etwas merkte, fühlte ich es deutlich: ein Wasserfall war in der Nähe. Meine Urangst ergriff mich, und ich reagierte schreckhaft. Später im Kinderheim in Scheidegg wußten es alle: Tante Truusje hat Angst vor umgefallenen Bäumen und Wasserfällen. Es war nun einmal so, niemand machte da ein Theater draus.

«Das Kind hat eine Hühnerbrust.» Damit fing es an. Ich muß noch jünger als vier Jahre gewesen sein, ich schlief noch im weißen Gitterbett. Jemand hatte meine Hühnerbrust entdeckt, und die Gesellschaft hat sie sich angeeignet. Der Kinderarzt wurde beigezogen. Das war der Onkel Doktor. Der Kopf wurde bedenklich geschüttelt, es war wahr. Ein Orthopäde wurde hinzugezogen, Dr. Adler auf dem Ring. Meine Mutter brachte mich dort in die Sprechstunde.

Ohne viel Federlesens wurde ich ausgezogen; mir wurde ein Bonbon versprochen, wenn ich brav war. Ich mußte vor Dr. Adler hin- und hergehen, und mit seinem Adlerauge sah er nicht nur die Hühnerbrust, seinem Blick entging auch nicht eine seitliche Wirbelsäulenverkrümmung, und die rechte Schulter hing. Das war eine unumstößliche, schlimme Diagnose. Aber es war noch alle Hoffnung, das Kind war noch jung, und man konnte heute so viel Teures tun, und das helfe garantiert. Ich habe sicher das Bonbon bekommen, und wir zogen wieder nach Hause. Dann wurde die Gelegenheit ergriffen, mit dem Onkel Doktor zusammen die schlimme Geschichte zu beratschlagen. Weder Kosten noch Mühe wurden gescheut. Das kam sicher noch daher, daß der Vater meiner Mutter zu sagen pflegte: Alles für die Gesundheit, viel für die Bildung und wenig für den Luxus. Also geschah alles für die Gesundheit. Es wurde eine Therapie zusammengeschustert, die mir noch heute die Haare zu Berge stehen läßt. Eine Knochentherapie, keine Kindertherapie. Es handelte sich ja um die verkrümmten Knochen und nicht um das Kind. Und dabei sah man weder die Hühnerbrust noch die verkrümmte Wirbelsäule. Und die Hängeschulter? Ja, das ist wahr, die habe ich heute noch, und mit mir Millionen, glaube ich. Rechts rutscht mir ein Schulterbändchen eher ab als links, aber es ist eine erträgliche Entstellung.

Die Therapie war zunächst auf die beiden Übel gerichtet. Massage gegen die Hühnerbrust und Galgenbaumeln für den Rücken. Meine Mutter war ehrlich erstaunt, daß ihre brave Tochter wie am Spieß schrie, wenn das Haus am Ring in Sicht kam. «Also, Kindl, du hast dich festgekrallt und Zeter und Mordio gebrüllt, und ich habe dich jedesmal wie einen Hund aufheben müssen und ins Haus schleppen. Ich kann das nicht verstehen, du warst doch immer so lieb.» Jedenfalls habe ich damals doch deutlich gezeigt, daß es mir gar nicht gefiel in dem Haus da.

Ich glaube selber, daß das, was da geschehen ist, so schlimm für mich war, daß ich es aufschreiben will. Sicher, es wird mit Kindern viel Unsinn getan, zum Beispiel unvorbereitet und fast ohne Betäubung die Mandeln rauszureißen ist eine schreckliche Unsitte. Aber das ist eine Behandlung, und wer es überlebt, hat zwar oft noch Halsentzündung — womit ich sagen möchte, daß es eine Roßkur ist, doch ob es hilft, ist dann eine andere Frage. Was da aber mit mir geschah, schleppte sich über Jahre hin, und durch die Ausdauer meiner Mutter und durch ihren eisernen Willen, nur ja das Beste aus mir zu machen was zu machen war, gab es kein Entrinnen aus der Therapie.

Es war ein hoher, weißer Raum voller Folterzeug. Für Arme und Beine und Rücken und Hälse und Füße. Röntgenapparat, Wandkletterrecke und von der Decke der Galgen. Da stand ich, in Hemd und Höschen, mit meinem glatten Pagenkopf («also, daß das Kindl auch gar keine Locken mehr hat . . .») und da kam was von der Decke runter. Schön ruhig den Kopf nach hinten legen, etwas wurde festgemacht, ein Ruck, und zu meinem Entsetzen baumelte ich frei herum.

Ich konnte nicht schreien, ich fuchtelte herum. «Nicht so zappeln, schön (ja schön) ruhig bleiben.» Ob ich da fünf Stunden hing oder eine Minute, das weiß ich nicht mehr, aber das macht ja auch nichts aus.

Man befreite mich von dem Galgen, der natürlich anders hieß, und ich konnte wieder zu mir kommen. Und dann kam der zweite Teil. Denn das Gerippe mußte schon tüchtig, ja tüchtig, angepackt werden. Wie konnte ein Arzt es je fertig bringen, ein lebendiges Wesen so zu behandeln? Es war ja nicht die schlechte Idee meiner Mutter, die ein gesunder Waghals, gerade von Leib und Gliedern, war, sondern die Ausgeburt eines hochberühmten Spezialisten, der das krumme Kind halt eben zurechtbiegen ließ.

Also ging ich noch verdutzt in die Kabine mit der Assistentin. Die war blond, dick und stark. Ich lag auf einer Bank auf einem weißen Tuch, sie stemmte ein Knie auf die Bank und drückte mich mit ihren fleischigen Handballen zu Mus. Eins zwei peng, und alles explodierte. Und wieder, und wieder. Es gab kein Entrinnen. Es ging ja um mein Bestes. Das verstand ich schon gar nicht, aber sie waren stärker als ich. Im Laufe der Zeit gab ich den Widerstand auf, und was da geschah, war das Schlimme, warum ich es aufschreibe. Diese wüsten Massagen fingen an, mich zu faszinieren. Ich stand jedesmal Todesangst aus bei dieser Frau und haßte sie. Meine Mutter konnte das nicht verstehen. Sie konnte sich während der Massagen gut mit ihr unterhalten. Abgesehen von den seelischen Folgen, die, glaube ich, groß sind, hat die Behandlung überhaupt nicht geholfen. Heute weiß ich das sicher. Es waren tausend Explosionen in meinem armen Kopf, die können nicht gut gewesen sein, vielleicht haben sie manches zerstört. Es scheint mir sehr wohl möglich.

Wenn ein Kind einen Katzenbuckel macht, ist das mehr ein Ausdruck von Unsicherheit, Scheu oder so was, als Rückgratverkrümmung. Und meine Hühnerbrust habe ich heute noch, verborgen zwischen dem, was später wuchs. Wenn mich jedoch ein neuer Arzt abhört, dann sagt er: Ja, der Thorax ist nicht ganz symmetrisch. Und das ist das.

Ich war nicht älter als fünf Jahre, als ein ungeheures Fest stattfand. Es war der 35. Geburtstag meiner Mutter, der 22. Mai 1929. Am Himmel des jungen Glücks waren noch nicht all die dunklen Wolken, die etwas später erschienen.

Meine Mutter war ja vor ihrer Ehe eigentlich Künstlerin gewesen. «Also, meine gute Liebkind», muß ihr Vater gesagt haben, «wenn du weit überdurchschnittliche Begabung zum Malen hast, dann wirst du in der Malerei ausgebildet.» So gelangte sie nach dem ersten Weltkrieg direkt nach Zürich, wo sie in den Kreis der Dadaisten kam. Ihre große Flamme war Hans Arp.

Monatelang hatte sie im Opernhaus Privatstunden im Ballettanzen genommen. Meine Mutter wog in der Zeit hundertachzig Pfund, das Ballettanzen war eine nette Art, ein paar Pfündchen runterzukriegen. Ihre Linie war ein Leiden, mit dem sie ihr ganzes Leben lang gerungen hat. Sie hatte gelernt, nach zwei Schallplatten zu tanzen: *Was Blumen träumen*, einem Walzer, und *Die türkische Scharwache*, einem Marsch.

Was Blumen träumen: Sie trug grüne Söckchen, hatte ihre Beine, auf die sie doch so stolz war, mit dunkelgrünen Kreppapierblättern beklebt, dann kam ein Spitzenhöschen, darüber ein komplizierter Rock aus weitausstehenden, lavendelblauen Blumenblättern mit Drahtgestell, etwas Blaugebauschtes als Bluse, und auf dem blondlockigen Haar ein kesses Blütenblätterkäppchen mit resolutem grünem Stiel.

Wir waren alle dabei: mein Vater und ich, meine Oma und Tante Else, Onkel Fritz und Tante Gretel Löb und ihre Töchter Hanne und Ruth, Onkel Ludwig und Tante Liesl Emanuel mit ihrer Tochter Edith, die Nachbarskinder Lotte und Anna — und dann unser Star, die Mutti.

Wir, das Publikum, saßen im dunklen Eßzimmer. Der Erker, der Wintergarten genannt wurde, diente als Bühne. Der Tisch war nach hinten geschoben, und darauf stand auf einem Schemel der Projektionsapparat neben dem Grammophon. Der Projektionsapparat gab buntes Licht, wenn man farbiges Cellophanpapier vorhielt. Die Stille war aufregend, für mich waren es aufregende Momente. Die Musik erklang. Und sie tanzte. Sie tanzte im Wintergarten, der durch ihre kolossalen Sprünge klein wurde. Sie tanzte à la Isadora Duncan, rechts rauf in die Ecke, links rauf, rum und rum, trat ins Publikum und sprang zurück, die Musik lief, das Licht war raffiniert bunt, und als die Platte aus war, saß sie zusammengekauert auf der Erde und ließ den wilden Applaus über sich ergehen. Ich erlebte diesen Tanz mit einer Panik, die ich jetzt beim Schreiben noch spüre . . .

Dann war Pause mit Kaffee und Kuchen. Meine Mutter verschwand im Herrenzimmer, wo sie sich umzog, umschminkte und sich auf ihren folgenden Tanz vorbereitete. Der Vater hatte nur die Platte umzudrehen.

Nach dem lyrischen Walzer folgte der Marsch. Ein fescher Zylinder, sicher der Chapeau claque meines Vaters, weiße Glanzseidenbluse, rote Satinjacke, schwarze lange Hosen und rote russische Lederstiefel. A la Marlene Dietrich, nur die Figur war so anders, tanzte sie zackig, das muß man ihr lassen, die *Türkische Scharwache.* Diesen Tanz fand ich mehr lustig als peinlich.

Noch ein Applaus nach der *Türkischen Scharwache,* und alles war vorbei. Was war geschehen? Nichts. Ballettstunden, Kostüme, ein Haufen Aufwand, eine kolossale Leistung, die doch in ihrem Leben das Höchste war. Vielleicht war das der letzte glückliche Tag in ihrer Ehe, zwischen den Freunden, mit Applaus, mit ein paar kleinen Mädchen, die es großartig fanden — vielleicht war es schon ein Versuch, das Unheil abzuwenden, das sich, wer weiß, schon abzeichnete.

Gegen Ende ihres Lebens liefen wir beide eines Tages in Köln am alten Kölner Tennisclub vorbei. «Hier habe ich im Anfang noch mit deinem Vater Tennis gespielt.» Sie sagte es nicht bitter, aber was muß er für sie eine unbegreifliche Enttäuschung gewesen sein, der Mann, den sie in den Bergen kennengelernt hatte, der jedoch sagte: Ich sehe mir die Berge lieber von unten an. Und so ist es geblieben.

Else wollte nicht dem Willen der älteren Schwester folgen, gerade dann nicht, wenn es um etwas eigentlich sehr Schönes ging. Meine Mutter wurde eben nicht von allen um sie herum in ihrer unkomplizierten Robustheit verstanden.

Es wurde ja nicht gesprochen, es wurde genuschelt, und ich war noch sehr klein. Sie pflückte Blumen, den Sommer lang. Sie fand ihre Schwester Else so indolent. Eines Tages kam sie mit einem Riesenstrauß Kornblumen, Klatschmohn, Margeriten und Gräsern. Sie hielt den Strauß im Rücken verborgen. Sie trat vor die kleine Schwester, die sie mit unwirschen Augen ansah. «Kaufst du dir ein Rad?» fragte sie und gab ihr den herrlichen Blumenstrauß. Aber nein, es wurde kein zweites Rad gekauft.

Alles was aus der Küche meiner Großmutter auf den Tisch kam, schmeckte mir gut, und doch aß ich nicht. Bis der Teller leer war, gab es jedes Mal ein Theater. Ich saß und wurde gefüttert. Kam der Löffel mit «ein Happen für die liebe Oma», dann spuckte ich schon. Eins mochte ich gar nicht. Das war Tomatensuppe. Wenn es Tomatensuppe gab, kniff ich den Mund zu. Aber die Großmutter duldete es nicht, daß ich etwas von ihr überhaupt nicht essen wollte. Wenn ich jetzt sagen müßte, warum ich mich gegen diese Suppe wehrte, wäre es der süß-säuerliche Geschmack und dazu die rote Farbe.

Die Großmutter war dickköpfig und unbegreiflich stumpf. Verschiedene Male gab es fogendes Tomatensuppendrama: Die Suppe kam auf den Tisch. Ich aß nichts davon. Ich bekam auch nichts anderes. Niemand von den Tischgenossen protestierte, denn niemand wagte es, sich dem Willen der Großmutter zu widersetzen. Ich wurde vom Tisch geschickt. Abends mußte ich dann voressen. Der Teller Tomatensuppe erschien und ich aß nichts. Ich wurde in mein Zimmer gesperrt. Es war ein schönes Zimmer, dunkelrot tapeziert mit einem Märchenfries oben am Tapetenrand. Zwei Fenster, von wo aus ich das Zimmer der Lotte sehen konnte. Die Möbel, Kleiderschrank, Spielschrank, Bett, waren in hellem Schleiflack gestrichen, auch der Tisch, ein paar Stühle und Stühlchen. Unter meinem Bett der «bückige Kasten», in dem mein Kleinkram von Spielsachen durcheinanderlag. Wenn ich krank war, und ich war oft krank, durfte ich den bückigen Kasten im Bett haben. Das Zimmer hatte drei Türen: eine zum Badezimmer mit der Toilette, eine ins Treppenhaus und eine ins Schlafzimmer meiner Eltern. Zum Frühstück bekam ich am nächsten Morgen wieder Tomatensuppe. Die aß ich dann wieder nicht. «Jetzt wirst du in die Besenkammer gesperrt, bis du Hunger auf die Tomatensuppe hast.» Ich brüllte, während sie mich in die Besenkammer schleifte. Das war eine halbe Treppe rauf, beim Treppenabsatz. Eine Art eingebauter Schrank mit Licht und auch einem hohen schmalen Fenster. Da stand alles, was zum Putzen nötig war: Eimer, Lappen, Besen und Regale voller Schmierseife, Seife, Ata, Schwämme und die Flaschen mit dem Totenkopf und den gekreuzten Oberschenkelknochen. In einer davon war Salzsäure für die Toiletten. Keiner im Haus ergriff meine Partei.

Ich glaube, daß meine Mutter mein Gebrüll nie als einen wirklichen Notschrei aufgefaßt hat, obwohl ich nur in Notfällen so schrie.

In der Besenkammer bekam ich keinen ausgesprochenen Hunger auf viermal aufgewärmte Erziehungstomatensuppe, sondern die Todesangst. Ich stand eingesperrt unter dem Fensterchen in der dumpf stinkenden Besenkammer. Ich wußte, wenn ich jetzt die Suppe nicht aß, war die Tracht Prügel fällig. Das war kein stimulierender Gedanke. Ich stand da, hörte die Laute des lebendigen Hauses und den Elefantentritt der Großmutter auf der Treppe. Ich schrie aus Leibeskräften: «Jetzt trinke ich die Salzsäure!» Fluchend, endlich, hat sie mich rausgelassen.

In solchen Fällen entwischte ich zur Mutter der Lotte, die mir ein Schmalzbrot gab und eine große Tasse Malzkaffee. Bei Brauns wurde um den Küchentisch gegessen von einfachen Tellern, einfaches Essen ohne all den Firlefanz, der da in unserer Küche vollführt wurde. Frau Braun gab nie irgendwelchen Kommentar zu dem, was ich erzählte, sie schüttelte nur den Kopf. Sie kam wie ihr Mann aus Bayern und backte oft Bratkartoffeln mit Zwiebeln. Da aß ich gerne einen großen Teller mit. Wenn unser Holunder blühte, machte sie Holderküchel, mit dem Stiel aus dem Teig und Zucker drüber zu Tee, es war ein Fest. Zu Hause sah man es nicht gerne, daß ich dort etwas aß, aber man konnte es nicht verbieten.

An eine Tracht Prügel erinnere ich mich noch. Mein Zimmer lag schräg gegenüber dem Zimmer der Lotte. Wir hatten in die zwei Teile einer Blechdose — es war die schwarz-rote Salmiakpastillendose — je ein Löchlein gebohrt und einen Bindfaden hindurchgezogen. Der Faden lief durch die Kondenslöcher unserer Fenster, und jede hatte eine halbe Dose. So hatten wir Telefon. Wenn wir Kontakt wollten, zogen wir an der Dose, und das hörte man am andern Ende. Auch mit geschlossenen Fenstern konnten wir miteinander knurren, denn man verstand sich nicht gut. Aber es machte Spaß. Und es störte niemand. Die Großmutter hatte mir dieses Spiel aber verboten. Ich durfte nicht mit der Lotte telefonieren. Als sie mich einmal doch dabei erwischte, packte sie mich, schmiß mich aufs Bett, Hose runter und schlug zu. Wie eine Wilde. Beide waren wir dann außer Atem und zerschlagen, und einmal sagte sie zu mir direkt nach einer solchen Tortur: «Du ärgerst mich noch tot.» — «Wenn ich das nur könnte», hab ich ihr geantwortet. Das weiß ich noch ganz genau. Sie war entsetzt, ich habe es nicht bereut, denn so standen die Dinge. Sie zeterte durchs Haus: «Was das Kind zu mir gesagt hat! Ist das der Dank?» Ich hatte keine Lust zu erklären, warum ich das gesagt hatte, denn ich war nicht sicher, ob mir jemand im Hause recht geben würde. Niemand hat mich außerdem gefragt, warum ich sowas sagte. Die Einstellung war eben, die gute Oma ist ein bißchen jähzornig, und damit basta. Nur weiß ich nicht, ob sich derartige Szenen in der Zeit abspielten, in der mein Vater verreist war. Ich denke schon, denn ich kann mir nicht vorstellen, daß er das zugelassen hätte.

*

Ob es gelingt, wieder etwas wachzumachen von einem Weihnachtsfest aus meiner Kinderzeit in Köln vor 1933? Jedenfalls war es eine große Arbeit, an der wir alle teilnahmen.

Es fing damit an, daß ein zimmerhoher Weihnachtsbaum gekauft wurde. Das tat mein Vater. Wenn er damit nach Hause kam, durfte ich den Baum nicht sehen, denn das war die Überraschung. Der Baum kam ins Herrenzimmer, wurde aufgestellt und bespritzt, damit er gut feucht blieb. Mein Vater stieg persönlich auf den Speicher, um die Weihnachtskartons herunterzuholen. Da waren die Kugeln drin und die Ketten, das Lametta, die vielen Kerzenhalter und Kerzen, die kunstvoll geblasene Spitze und die vielen kleinen Glasvögel, die alle in den Weihnachtsbaum gehörten.

Mein Vater putzte den Baum ganz allein. Er nahm sich Zeit für jeden Streifen Lametta. Die Mutter sorgte für die vielen Päckchen, die zierlich aufgebaut unter weißen Bettüchern verschwanden. Aus der Küche kam tagelang der eine herrliche Duft nach dem andern. Es wurde viel gebacken. Das tat die Oma. Aber einen Christstollen und einen Mohnstollen empfing sie jedes Jahr vom Konditor Angermann aus Dresden; denn richtigen Stollen kann man nur in Dresden backen. Behauptete sie. Alles was unter ihrer Leitung aus der Küche kam, war herrlich. Die goldene Bouillon, die Braten, die angerichteten Salate und vor allem das viele Gebäck: Plätzchen, Käseplätzchen und die Torten und Kuchen. Die Rezepte stehen im alten Kochbuch von Mary Hahn, das ich auch heute noch manchmal gebrauche.

Das ist etwas Merkwürdiges. Ich hatte einen Abscheu vor meiner Großmutter, aber was aus ihrer Küche kam, war perfekt. Mein Mann wundert sich darüber, daß ich die Großmutter nicht mitsamt ihrem Küchenkram aus meinem Leben verbannt habe, aber das habe ich nicht getan. Bei den Plätzchen durfte ich helfen. Ausstechen und sie in Reih und Glied aufs Backblech legen. Mit Eigelb und Mandeln verzieren. Sie mit Glasur bepinseln. Und dann mit den Fingern die süßen Schüsseln ausschlecken. Ja.

Am Heiligen Abend aßen wir jedes Jahr einen Karpfen. In der Küche lag er, kaum tot, vor der Oma auf einem Holzbrett. Mit einem scharfen, spitzen Messer schlitzte sie dann geschickt den Bauch auf, ohne die Galle zu beschädigen, und nahm ihn aus. Da sah ich die kleine grüne Galle, die an den Därmen hing, und noch zwei lange, bleiche Gebilde, die sie Rogen und Milchner nannte. Milchner, etwas mit Milch, war für mich ohne Zweifel fraulich, also war der Rogen der männliche Teil. Daß es umgekehrt ist und wie das genau zusammenhängt, habe ich erst viel später verstanden. Das größte Wunder jedoch war ein kleiner silberner, länglicher Luftballon, der auch am Gedärme hing und der mit dem Messer weggeschoben wurde. «Was ist das denn für ein silberner Ballon?» fragte ich. «Das ist die Seele», sagte sie zu mir. Die Seele also. Später lernte ich, daß jeder Mensch eine Seele hat, eine Seele, die irgendwie mit Gott verbunden ist. Aber die religiösen Dinge waren im evangelischen Unterricht nicht so verbindlich wie bei einem katholischen Kind, und auch nicht so mit Sünden überladen. Die Seele war für mich etwas silbrig Glitzerndes, auch Gott war für mich darum vielleicht etwas Durchsichtiges, faßbar schon, aber farblos. — Nachdem der Karpfen geschuppt und ausgenommen war, goß die Großmutter kochenden Essig über seine nackte Haut, die zitternd graublau wurde. Zu Tisch erschien er dann mit geöffnetem Maul voll grüner Krausepetersilie, mit Zwiebelringen und hartgekochten Eier- und Zitronenscheiben verziert.

Das Eßzimmer war auch festlich. Dicke weiße und rote Kerzen, Tannengrün und auf den Schalen Plätzchen und Nüsse, Mandarinen und Zibeben, ganz große, dunkle Rosinen mit einem Kern.

Wenn es dann soweit war, läutete ein Glöckchen, und ich durfte ins Weihnachtszimmer. Die Kerzen brannten am Baum, das Grammophon spielte *Stille Nacht,* die Gardinen und die Zwischentür gingen auf, und wir alle traten leise ins Herrenzimmer. Die Bettücher wurden weggenommen und all die sorgfältig eingepackten Päckchen lagen da. Der Vater verteilte. Jeder bekam was: die Mutter, die Tante Else, die Oma, das Mädchen. Und ich nicht. Aber ich wußte, da war noch ein Bettuch, und das war schon gut. Wenn alles ausgepackt war, wurde das letzte Bettuch weggenommen, und da stand das große Geschenk. Einmal die Puppenküche mit einem Trockenspiritusofen, auf dem man Puppenhäppchen kochen konnte, einmal das Puppenhaus, einmal die Puppe Kätie, die meine Tochter jetzt noch hat, und das Waldorf-Kasperletheater, und der Kaufmannsladen.

Jedes Jahr bekam das Mädchen zu Weihnachten ein Stück dunkelblauen Stoff.

Vielleicht bekam sie auch noch was Geld extra. Für mich war es eine komische Idee, jedes Jahr ein gutes dunkelblaues Kleid. Und einen Teller Leckeres. Natürlich. Wie spielten am Weihnachtsabend zusammen: Fang den Hut, Mensch ärgere Dich nicht, Halma, alle taten mit. Auch Tante Else, die sich sonst meistens zurückzog.

Die Oma war stolz auf das gelungene Mahl, die Mutti auf ihre vielen sorgfältig gepackten Päckchen, der Vater auf den schönen Baum mit seinem Schmuck, und ich? Ich glaube, daß mir alles Spaß machte und daß ich mich über meine Geschenke gefreut habe. Doch waren da nicht die Gefühle von Innigkeit und Verbundenheit, die waren nicht so sehr zu spüren; jeder war in seiner eigenen Haut, so wie sie sagten.

3
Das Dritte Reich

Hitler hatte 1933 die Macht ergriffen, und das wurde im täglichen Leben immer stärker sichtbar. In den Straßen wurde marschiert, die Kinder gingen in die Hitlerjugend, die Hitlerjugend lief in Uniformen. Der Bund Deutscher Mädchen hatte weiße Blusen mit glatten kurzen Ärmeln, glatte dunkelblaue Röcke, zwei Finger breit über der Kniescheibe, und braune Kletterwesten — das waren langärmlige Stoffjacken mit Metallknöpfen —, unter dem Kragen der Blusen ein schwarzes Dreiecktuch, das mit einem Lederknoten zusammengehalten wurde. Es diente als Regenschutz, gehörte zum Volkstanzen und konnte als Mitella getragen werden. Weiße Söckchen, braune Schnürschuhe. Fertig. Das hieß «die Kluft».

Die HJ fraß alle. In meiner Klasse waren nur Marlene Riphahn, Ester Sprenger und ich nicht drin. Ester hieß eines Tages Friedel. Ihre Mutter war Jüdin und ich war Holländerin. Marlene Riphahn sagte laut und deutlich in der Klasse: «Ich darf nicht in den BDM.» Ihr Vater war Architekt. Nach dem Krieg hat er viel in Köln bauen dürfen. Später kam noch ein Mädchen in die Klasse mit einem unaussprechlichen Namen, mit weißblonden krausen Haaren und hellblauen

Schlitzäuglein. Sie kam aus Estland und durfte auch nicht in den BDM. Mein Kölner Mitbürger Heinrich Böll, sieben Jahre älter als ich, hat auch über die HJ geschrieben. In seinem Buch «Was soll aus dem Jungen bloß werden?» erzählt er, wie es ihm und zwei Mitschülern gelang, der HJ fernzubleiben. Zum Kummer seines Direktors, «dem wir die Statistik versauten».

Die jüdischen Kinder durften sowieso nicht in die HJ, auch nicht, wenn die Väter mit Eisernen Kreuzen aus dem Ersten Weltkrieg behangen waren. Im Anfang war das schwierig für die Leute. Rasse, Glaube, Politik waren Begriffe, mit denen man sich bisher nicht auseinandergesetzt hatte. Aber über diese Dinge wurde von oben herab gedacht, und die Linie wurde deutlich gezogen. «Juden sind Schweine, weil sie unser Unglück sind.» Diese unüberzeugende Logik war unglaublich stark.

Die Halbjuden und die Vierteljuden bildeten eine schwierige Gruppe. Zwar waren sie eine Schande, eine Rassenschande, aber fünfzig oder fünfundsiebzig Prozent ihres Blutes war doch deutsches oder arisches Blut, und irgendwo mußte doch die nordische Sauberkeit des Blutes anfangen, wenn auch Hitler selber kein Vorbild der «nordischen Rasse» war. Darum durften Vierteljuden, mit einem jüdischen Großelternteil (!), nicht in die HJ, und Halbjuden schon gar nicht. Das von den jüdischen Großeltern mußte genau vermerkt werden, auf allen Formularen stand es ausführlich, und es gab viele Formulare.

Wenn eine Führerrede in die Schulzeit fiel, mußten

alle Schüler und Lehrer in die Aula, und man mußte zuhören. Auch wenn ein Gauleiter sprach.

Robert Ley, der Leiter der Deutschen Arbeitsfront, war, glaube ich, immer besoffen, und so waren auch seine Reden. Eine politische Rede wurde mit zwei Liedern beendet: erst die Volkshymne *Deutschland, Deutschland über alles* und dann das Horst-Wessel-Lied *Die Fahne hoch.* Bei diesem letzten Lied, drei Strophen lang, mußte man den rechten Arm gestreckt nach vorne halten, ganz still. Das war lang, und wir suchten immer eine Schulter vor uns, um ihn auflegen zu können.

Fetzen von diesem Lied weiß ich noch, arrogant und aggressiv wie sie waren:
Die Fahne hoch . . ., SA marschiert . . ., und dann die Zeile: *Kam'raden die Rotfront und Reaktion erschossen . . .* Aber als Kind habe ich nie richtig begriffen, wer da eigentlich wen erschossen hat.

Diese Lieder waren Pflicht, nicht nur in den Schulen, sondern auch in allen Versammlungen und bei allen Parteizusammenkünften, und sie sind ein gutes Beispiel dafür, wie man eine ganze Bevölkerung dazu gekriegt hat, derartige Lieder zu singen. Es liefen ja auch fortwährend Uniformen durch die Straßen. Und immer sangen sie beim Marschieren: ob es nun der BDM war oder die Jungens der HJ, die SA in braunen Uniformen, die SS schwarz und später die ganze Wehrmacht, feldgrau, die Matrosen blau und die Flieger stahlblau und was noch alles marschierte. Die Partei sang beim Marschieren Parteilieder, und: *Wir wer-*

den weitermarschieren/ wenn alles in Scherben fällt/ denn heute gehört uns Deutschland/ und morgen die ganze Welt.

Hitler brüllte: «Wir sind ein Volk ohne Raum!» und: «Die Juden sind unser Unglück. Ich werde die Endlösung der Judenfrage herbeiführen.» Wer Augen hatte um zu sehen und Ohren um zu hören, der hätte es wissen können, es ist bei Gott oft genug gesagt und gebrüllt worden. Und hier liegt ein Problem, worüber ich seit dem Ende des Krieges, als alles geschehen war, es war ja wirklich geschehen, nachgedacht habe, wie es geschehen konnte. Nicht nur Hitler war an all dem beteiligt. Zunächst die ganze Regierung («Um Gottes willen, die haben ja alle Verbrecherköpfe!») und dann sowohl die Arbeiter als auch die Industriellen.

Als Hitler an die Macht kam, gab es keine Arbeit, viele hatten kein Geld, und es gab Hunger. Und doch mußte so viel Arbeit getan werden. Es ist für mich noch heute unvorstellbar, wie Hitler das ganze Volk ohne viel Aufhebens an die Arbeit kriegte; es etwas tun ließ, was gut war und was gar nicht gut war, was es wußte und was es nicht verstand. Im Januar 1933 hat es angefangen, und im Sommer 1939, nur sechs Jahre später, aber was für sechs Jahre, war die Wehrmacht auf die Beine gestellt, die im Stande und bereit war, gegen alle Nachbarn Krieg zu führen, und das mit unfaßbarem Erfolg zunächst.

Hitler hatte den Gottesdienst abgelehnt. Aber er hatte der Jugend in der HJ ein neues Ideal gegeben. In seinen Augen hatte er sich dem deutschen Volk geschenkt — nicht einmal seinem eigenen Volk, denn er war ja Österreicher —, um aus ihm Kraft für ganz außerordentliche Taten zu schöpfen. Hier war ein Mann an der Arbeit, der sich zum Führer seiner Nation erhoben hatte, der besser und stärker als alle anderen sein wollte, der groß sein wollte in allen, die mit ihm waren. Wer nicht mit ihm war, wurde schnell aus der Gemeinschaft geholt. Als ob er ein Gott wäre, so ließ er sich grüßen, wer ihn nicht grüßte, mit seinem Namen: Heil Hitler, gab damit bekannt, daß er ihm die verlangte Ehre nicht zukommen ließ. Das war schon ein Grund, jemand verschwinden zu lassen. Er verschwand in ein Straflager.

Ich war ja ein Kind meiner Schulklasse. Und wie so ein Schultag verlief, war in ganz Deutschland gleich. Wir hatten unsinnig viel Sport, sieben Stunden pro Woche war Vorschrift. Samstags war keine Schule, denn Samstag war Hitlerjugend. Dann hatte ich frei.

Da ich nicht stark war, bin ich es auch durch den vielen Sport nicht geworden.

Jede Schulstunde wurde mit dem «Deutschen Gruß» angefangen. Wir standen neben der Bank, und der Lehrer oder die Lehrerin stand vor der Klasse, Fersen zusammen, mit gestrecktem rechtem Arm, «Heil Hitler». Die Klasse antwortete «Heil Hitler». Für manche Lehrer muß das eine wirkliche Qual gewesen sein. Das liebe Fräulein, dessen Aufgabe es war, uns Französisch beizubringen, sagte es traurig und leise, und wenn wir, mindestens die halbe Klasse, «Drei Liter» antworteten, dann war's gut. Der dicke Hahn vergaß es oft, und wir vergaßen, ihn daran zu erinnern. Andere triezten uns, bis der Gruß zackig und laut klang. So gab es noch ein bißchen Leben, ehe alle zu Robotern geworden waren; doch ganz so weit ist es ja zum Glück nicht gekommen.

Aber nicht nur uns Schulkindern wurde der Gruß aufgezwungen. Der ganze amtliche Papierkram wurde mit Heil Hitler unterzeichnet. Auch alle Geschäftspost. Nicht mit freundlichem Gruß, sondern mit Heil Hitler. Und das war nicht freundlich, das war stinkend autoritär. Und so entstand eine andere Unterschrift, die diejenigen unter die Briefe schrieben, welche sich gegen das allzu Grobe wehrten, aber auch keine Lust hatten, etwas Strafbares zu tun, da das ja außerordentliche Folgen haben konnte, je nachdem, wem man in die Hände fiel.

Heil Hitler war offiziell der Deutsche Gruß. Guten Tag oder Auf Wiedersehn, oder Mit Freundlichen Grüßen oder Mit vorzüglicher Hochachtung waren doch auch deutsche Grüße. So entstand die Unterschrift «Mit deutschem Gruß». Da konnte sich jeder das denken, was der andere ihm sagen wollte. Es war kein Widerstand, aber es war doch ein ganz kleines bißchen Widerstand leisten.

Ein richtiger Nazi schrieb nicht «Mit deutschem Gruß».

Weihnachten 1933 fuhren meine Mutter und ich nach Zürich zur Tante Mathilde, einer alten Schulfreundin von ihr. Ich hatte die Tante Mathilde gerne, sie hatte zwei Söhne, älter als ich. Es waren sorglose Tage.

Nach den Ferien fuhr ich nicht nach Hause, sondern meine Mutter brachte mich «zur Erholung» auf die Rigi am Vierwaldstättersee ins Kinderheim Bergsonne. In Rigi-Kaltbad wurden wir mit dem Pferdeschlitten an der Zahnradbahn abgeholt. Ich durfte auf den Bock. Ich war noch nicht richtig da und fand es schon herrlich. Die Landschaft. Der Schnee, die Berge, die Pferde, die braunen Lachaugen von Herrn Renggli. Dann das Haus, der Empfang, Frau Renggli, die uns mein Zimmer zeigte, die Alpen bis ins Berner Oberland fast zum Greifen nahe vor dem Fenster. Es roch im hölzernen Haus so gut, die Mutti konnte ruhig wieder wegfahren.

Die drei oder vier Monate, die nun folgten, waren eine unglaublich herrliche Zeit. Kein Krach, keine Sorgen, dieses Kinderheim mit neuen Skistiefeln, Schlittschuhen, mit allem was nötig war. Wir waren etwa zwanzig Kinder und ich machte überall mit. Die Buben haben mich mitgeschleppt und mir geholfen, wenn ich plötzlich schwindlig war oder Angst hatte. Die Kinder waren aus verschiedenen Kantonen, und die Dialekte waren verwirrend, aber ich verstand alles. Morgens hatten wir Unterricht. Mittags lagen wir oft in der Sonne in Liegestühlen und «d' Schwöschter» las uns den *Schatz im Silbersee* vor mit dem schwyzerdütschen Old Shatterhand und «däm Winnietuu». Wir sausten mit Herrn Renggli rum. Er gab uns Skiunterricht. Wir fuhren mit Schlitten rauf mit der Zahnradbahn bis Rigi-Kulm und dann runter, die ganze Rodelbahn bis Kaltbad. Oder wir marschierten, ich mit Angst und Gruseln, am felsigen Abgrund entlang.

Herr Renggli gab mir einfach seine Hand. Hinter

der Felsenpartie lag als Überraschung das Hotel First mit einer spiegelglatten Eisbahn und heißem Kakao.

Der Spaziergang zum Känzeli war das allerschönste. Es steht dort eine kleine Bank mit Aussicht über all die Seen, nach links die Alpen und rechts die Ebene. Auch wenn das Nebelmeer dalag, war man in der strahlenden Sonne und sah alle Berge aus der weißen Dampfdecke ragen.

Und dann schmolz der Schnee. Das war ein gewaltiges Erlebnis durch die Wassermassen, die kamen, die Lawinen, die nasse Erde mit Steinen, Sturm, das Ächzen der Tannen hinterm Haus, als würden sie ausgerissen.

«Bleibt's beinand' und im Haus», sagte Herr Renggli, und es war traulich, wenn es so spukte. Herr Renggli fand, daß meine Haltung nicht ganz gerade war, aber, so sagte er, ein paar der anderen haben das auch. «Mit denen setze ich mich mittags, wenn die anderen draußen liegen, ins Spielzimmer, und dann erzähle ich was.» Da habe ich mich dazugelegt, wir waren drei oder vier, es tat nicht weh, und er konnte so gut erzählen.

Als der Frühling kam, wurde alles klatschnaß. Wo der Schnee naß war, konnte man ihn wegschieben, und da standen schon die blühenden Krokusse darunter. Und in wenigen Tagen war die Rigi wie mit Blütenteppichen belegt. Die Bäume waren grün, alles war so farbig und weit. Es gab noch Nordhänge zum Skilaufen, aber ich hatte keine Lust mehr. Die Blumen, das Wasser, der Duft, die Bäume und die Sonne. Und da kam meine Mutter mich holen. Aber ich hatte den

Beschluß gefaßt, so schnell wie möglich auf die Rigi zurückzukehren.

Warum war ich eigentlich wirklich weg gewesen? Warum hatte ich so einen herrlichen und auch teuren Urlaub bekommen? Was war in der Zwischenzeit in Köln geschehen? War denn was geschehen?

«Wo ist denn der Vati?» fragte ich. «Der ist verreist», sagte die Oma.

Ein paar Tage später ging ich mit ihr über die Straße und sah meinen Vater gegenüber mit einer Dame stehen. «Da ist der Vati!» rief ich und wollte rüberlaufen. Aber sie hielt mich fest und sagte «Schnickschnack, das ist er nicht, du weißt doch, daß er verreist ist.» Noch fühle ich, wie platt ich war, so überrascht, daß ich gar nicht reagieren konnte. Aber abends sagte ich zu meiner Mutter: «Wir haben auf der Berrenratherstraße den Vati gesehen. Mit einer Dame.»

Ich weiß nicht mehr, ob ihre erste Reaktion war: Wie sah die denn aus, oder ob sie sagte: Also hör mal, mein liebes Kind, dein Vater und ich haben uns scheiden lassen. Ich regte mich natürlich auf, denn scheiden lassen war in der Zeit ganz was anderes als heutzutage. Ob ich den Vati denn nicht mehr sehen durfte? Doch doch, das regelt der Anwalt. Und hiermit hatte ein neuer Lebensabschnitt für mich angefangen.

Es war Winter. Ich saß auf der Mauer der Treppe vorm Haus. In der Siebengebirgsallee hielt ein Möbelwagen. Dort kamen neue Bewohner. Es wurde hin und her gelaufen, man schleppte Möbel und ein Klavier hinein, und dann kam ein Auto, und die Familie stieg aus. Die Eltern und zwei Jungens. Ein blonder und ein dunkler. Ich wurde mal wieder aus einer Träumerei wach und verließ den Garten durchs Törchen. Die Familie half beim Auspacken der Möbel. Es zog mich an. Ich stand da und traute mich nicht zu glauben, was ich sah. Und dann ein Geschrei, ein Getobe, die Eltern verstanden nichts davon, aber wir um so mehr, es war ein Freudentanz: Es waren Helmut und Dachi, die ich aus einer Sommerferienkolonie kannte. Ich hatte zwei Brüder und ein neues Zuhause bekommen.

Zwei Jahre später mußten wir das große Haus in der Lohrbergstraße aufgeben. Wir, das waren meine Mutter, die Großmutter und ich, zogen in eine andere Gegend, aber schnell fanden wir eine erste Etage in der Breibergstraße, wieder im schönen Klettenberg. Es war unterdessen 1938. Unter uns wohnte Frau Hecker, die auf einem dicken Kissen zusammen mit ihrem Hündchen aus dem Fenster hing. Über uns wohnte die Familie Meier. Ihre Tochter Mirjam war etwas jünger als ich, sie ging auf eine andere Schule, aber wir gingen miteinander um. Sie kam bei uns rein und ich ging zu ihnen rauf. Alle drei Meiers waren klein, ein bißchen dick, sie waren freundlich und bescheiden.

Sieben Berge hat das Siebengebirge, und die Straßen der sieben Berge liegen um die Siebengebirgsallee. Die Siebengebirgsallee hatte Akazien. Unsere Breibergstraße hatte keine Bäume, sondern breite Vorgärten. Sie ist die Verbindung zwischen der Luxemburgerstraße mit Platanen und der Petersbergstraße mit dem Rotdorn.

Auf der neuen Schule war ich nicht lange einsam,

denn schnell hatte ich mich mit der Gisela Jaeschke angefreundet, die auch in der Siebengebirgsallee wohnte. Gisela war wie ich ein Einzelkind. Nach der Schule ging ich mit ihr nach Hause, und wir machten brav unsere Schularbeiten unter der großen Stehlampe. Wir hatten beide einen Laubfrosch in einem Aquarium. Mein Laubi konnte Gardinenschnüre raufklettern und Fliegen fangen — haps — mit seinem grünen Mäulchen. Manchmal gingen Gisela und ich in den Klettenbergpark, wo wir so unsere Eckchen hatten, um Futter für unser Getier zu fangen. Wenn wir keine Zeit dazu hatten, kauften wir ein paar Mehlwürmer, die wir im Aquarium losließen.

Frau Jaeschke war eine fürsorgliche prima Hausfrau. Sie tat alles selbst. Mittwochs fing sie an mit Kuchenbacken und mit Plätzchen, denn Donnerstag war ihr Kaffeekränzchen. Da kamen so ungefähr fünf ihrer Freundinnen zusammen, mit Strickarbeiten oder Häkelsachen oder Stickerei. Sie saßen um den festlichen Tisch, da wurde der Kaffee getrunken und der Kuchen gegessen; wir bekamen auch immer Riesenportionen, die wir kichernd vor Spaß in Giselas Zimmer aufaßen. Die Damen blieben ein paar Stündchen und zogen vor dem Abendessen wieder ab.

Weil Frau Jaeschke aus dem Norden kam, hatte sie wieder eine ganz andere Art von Kocherei. Es gab dort Königsberger Klopse in Kapernsauce und Gelatinenachtisch. Ihr Herd war spiegelblank, da sie ihn mit einer stinkenden Pasta putzte; unser Herd war nur schmirgelsauber, aber sie sowie meine Großmutter putzten wie die Wilden die Herde. Frau Jaeschke sang bei der Arbeit. Sie lachte gerne. «Hier, Truselchen, leck mal ab.»

Wenn wir unter der Stehlampe unsere Schularbeiten machten oder Karten spielten oder Mühle, saß Herr Jaeschke an seinem Schreibtisch voller Papiere. Er arbeitete in einer Bank. Er war groß und schlank und hatte weißes, hochstehendes Haar. Herr Jaeschke war vornehm und distant. Zu den Freundinnen seiner Frau sagte er «Sie». Aber zu uns war er lieb. Er war im Ersten Weltkrieg Soldat gewesen, und er hatte eine Auszeichnung, ein Eisernes Kreuz Zweiter Klasse. Einmal hat er mit uns über den Krieg gesprochen. Er kam aus dem Kreis der Herrnhuter, und den Krieg fand er etwas Schreckliches.

Er sagte: «Da lag man in einem Graben, den wir selber gegraben hatten. Und da kamen französische Soldaten. Wir durften die französischen Soldaten nicht über unsern Graben lassen. Und die französischen Soldaten mußten über unsern Graben. Also, wir mußten auf die französischen Soldaten schießen. Es waren aber Leute, die ich gar nicht kannte, die mir nie etwas getan hatten. Du sollst nicht töten, steht in der Bibel, jemand totschießen ist Mord, auch wenn es Krieg ist. Ich bin froh, daß ich ehrlich sagen kann, daß ich nie jemand erschossen habe. Ich habe einfach nie auf Menschen geschossen.» — «Wenn aber jemand auf Sie geschossen hätte?» — «Dann hätte der andere mich eben totgeschossen, aber ich hätte keinen Mord verübt, sondern er. Aber ich habe Glück gehabt, und Glück gehört auch dazu.»

Gisela und ich stiegen von der Schule aus der Straßenbahn 21 an der Ecke Siebengebirgsallee. Hier liefen oft ernste Männer mit einem Stoß Zeitungen herum, die riefen: ««Der Stürmer», das Blatt gegen die Juden.» Dann kamen wir jedesmal am Stürmerkasten vorbei. Dort konnte man hinter Hühnergittern die Zeitung betrachten, die sich gegen den Sündenbock des deutschen Volkes richtete, die Juden. Was da an schaurigen Räubergeschichten zusammengefaselt wurde, weiß ich nicht mehr, aber eins weiß ich noch, das waren die Zeichenwitze. Zeichnungen mit Text drunter, so widerlich, daß sie sich in die Netzhaut fraßen. Es war so schlimm wie die primitivste und gewalttätigste Pornographie, die man sich heute vorstellen kann. Aber damals hatte noch kein Mensch ein derartig dickes Fell gegen solche Bilder, daß man seine Augen davor schließen konnte. Die Stürmerkästen hingen durch die ganze Stadt und nicht nur in Köln, sondern sie hingen im ganzen Land. Die Juden mit ihren Hakennasen, die dicken Bäuche, die gezeichneten Gebärden, es war einfach abscheulich.

Sicher, es gab Judenwitze in Köln, aber die waren nichts, mit der neuen Welle verglichen. Zum Beispiel: Ein Radiogeschäft hatte ein Aushängeschild von oben nach unten: RADIO. Das hieß dann «*R*aus *A*us *D*eutschland *I*hr *O*stjuden». Wenn man es aber umdrehte und es auf «jüdische» (oder vermeintlich jüdische) Art las, hieß es «*O*hne *I*tzig *D*eutschland *A*rmes *R*eich».

In den Stürmerwitzen handelte es sich jedoch immer um gemeine Juden, die die armen Leute des Volkes betrogen. Bankiers, die die Leute ausprefßten, listige Machenschaften, die nur die ganz schlechten Juden sich ausdenken konnten, und so weiter und so weiter bis zur Bewußtlosigkeit. Die armen unschuldigen deutschen Frauen und Kinder, die von den schmutzigen Juden ruiniert wurden, waren immer von nordischer Schönheit und Edeltum in den Gebärden, denn zeichnen konnten die Zeichner des Stürmers, das muß man ihnen lassen.

Die Grausamkeiten in dieser Zeitung, die den Grausamkeiten der Wirklichkeit vorausgingen, haben die Köpfe der Bürger müde und unaufmerksam gemacht. Hier schon begann das große «Es ist nicht wahr», das man heute noch hört. Natürlich war es gar nicht wahr, was im Stürmer stand. Natürlich hatten die Leute in der Straße recht, daß sie es als Unsinn ablegten. Die richtigen Antisemiten und die, die zu fangen waren, glaubten alles, regten sich darüber auf und hatten Futter für ihren Haß gegen die Juden. Die andern, ich glaube schon, daß das zunächst weitaus die meisten waren, legten es als schändlichen Unsinn zur Seite. Von da aus aber konnte man später auch alles zur Seite legen, was wohl wahr war, denn es war doch sicher ebenso unglaubwürdig?

Im Herbst 1938 wurde Frau Jaeschke plötzlich krank. Kein Arzt konnte ihr helfen, sie starb an ihrem fünfzigsten Geburtstag an einer Meningitis. So waren Gisela und ihr Vater alleine.

Helmut wohnte noch immer in der Nähe. Wir gingen in für Jungens und Mädchen getrennte Schulen, ich im Weyertal, er dort um die Ecke. Helmut hatte ein Rad, und ich nicht. Also saß ich oft bei ihm hintendrauf. Nach der Schule wartete er manchmal, und dann gingen wir zu Fopper, einer Eisdiele mit herrlichem Eis und vor allem Nougat. Wir standen da alle herum, klönten miteinander. «Tröschen geht mit Helmut», so hieß das. Es stand sogar in einem Herzchen an die Wand geschrieben.

Es waren zwei sehr große Schulen mit je neun Klassen bis zum Abitur und mit vielen Parallelklassen. Das Schönste für mich war der Gartenbau. Es waren da ein kleines Treibhaus, ein Geräteschuppen und ein Garten wie ein kleiner Park, der hinter dem Schulhof lag. Der Schulhof selbst war auch groß, mit Sand zum Weitspringen, mit einem Völkerballfeld und einer Grasfläche, wo wir in der Pause sitzen konnten.

Fräulein Bach war die Gartenbaulehrerin. Sie war braun von der Sonne, hatte einen großen Knoten im Nacken und leuchtend blaue Augen. Ich hatte sie gerne, und sie freute sich, wenn sich eine ihrer Schülerinnen für ihr Fach interessierte. Da es ein Wahlfach war, kamen die meisten nur so dann und wann, aber ich ging immer. Regen oder nicht, oft war ich die einzige. Manchmal machte ich einfach mit dem großen Korken alle Schüppen sauber und räumte den ganzen Schuppen auf.

Als wir aus der Lohrbergstraße umzogen, war ich fassungslos, daß wir unsern Garten zurücklassen mußten. Ich sagte es Fräulein Bach, und sie gab mir einen Streifen vom Schulgarten, den Helmut und ich zusammen umgegraben haben. Helmut hat mir auch gehol-

zen, so daß die Schwertlilien, die immer am Geburtstag meiner Mutter blühten, im nächsten Mai wieder blühten.

Fräulein Bach hat mich mit dem Blumenpflücken vertraut gemacht, wie man einen bunten Strauß pflückt, und nicht zehn weiße Margeriten und fertig. «Wenn du Blumen in eine Vase steckst, mach es Stück für Stück, dann fallen sie von selbst in einen harmonischen Strauß.» Selbst heute noch, wenn ich das tue, denke ich jedesmal an sie.

Auch die Brauns waren umgezogen. Sie wohnten nun in der Petersbergstraße.

Die Lotte ging in eine andere Schule als ich, und obwohl wir beinah wieder Nachbarinnen waren, gingen wir wenig miteinander um. Sie hatte ihren BDM, in dem sie rasch Führerin wurde. Aber eines Tages war große Aufregung. Der Führer sollte nach Köln kommen. Es waren da eine Menge Riegen aufgeboten, die Spalier stehen sollten. Riegen waren Gruppen der Hitlerjugend, Jungens und Mädchen, die an den Straßenrändern stehen sollten, singend und mit kleinen Fähnchen winkend. Die Lotte stand also mit den andern zusammen ein paar Stunden am Straßenrand, singend und voller Freude, denn sie hatte den Mann noch nie von nahem gesehen.

Er kam im offenen Auto, fuhr seine Route, hielt aber hier und da an, um seine jubelnde Jugend zu begrüßen. Er wußte schon, was er tat. So hielt er auch, wo die Lotte stand. Er stieg aus seinem Auto, ging zu den Kindern, gab ihnen die Hand, sah sie an. Auch die

Lotte hat er angesehen, und auch ihr hat er die Hand gegeben.

An dem Abend war ich bei Brauns. Die Lotte war noch total außer sich vor Aufregung, wie er sie mit seinen strahlend blauen Augen angesehen hatte und wie ihre Hand in seiner Hand lag. Sie hat die Geschichte immer wieder erzählt. Die Mutter weinte vor Freude, der Vater, der sonst nur herrisch durchs Haus schimpfte, lief freudig herum, er schmunzelte, ich hatte nie gewußt, daß er das konnte, die Anna hatte keine Hand bekommen, war aber glücklich, daß die Lotte eine Hand bekommen hatte. Und ich betrachtete die Sache ungläubig, denn ich fand keinen Grund zur Freude. Mich stieß es heftig ab, das Theater. Die Lotte hat ihre Hände eine Woche nicht gewaschen, weil noch was von der großen Glorie dran war. Das ist wirklich wahr.

Ich denke, daß Familie Löb die ersten unserer Freunde waren, die emigrierten, ich glaube, nach Amerika. Und zwar hörte ich das nur, weil meine Großmutter darüber schimpfte. «Was der Kerl sich einbildet. Denkt er vielleicht, er könne die Firma alleine über Wasser halten? Schnickschnack, Freunde, Kompagnons, man kann doch nicht alle über den großen Teich finanzieren?! Er zahlt ja noch nicht mal die Scheißalimente!» Das schrie die Oma über meinen Vater. Als hätte sie die Emigration der Löbs selber bezahlen müssen. Mein Vater hatte mit Onkel Fritz eine Zigarettenfabrik gegründet. Die war schlecht dran. Aber meine Mutter und ich waren froh, daß die Freunde in Sicherheit waren.

Und es wurde wieder Winter. Familie Löb war weg. Altschuls gingen. Herr Goldmann, der Chemiker der Zigarettenfabrik, brachte uns ein kleines braunes Fläschchen Essenzen mit der Formel, die er zusammengestellt hatte, um den Tabak zu saucen.

Korrekt und höflich und distant wie immer verabschiedete er sich von uns, und auch er verschwand. Mit Emanuels hatten wir keinen Kontakt mehr, und ich fürchte für sie das Schlimmste. Es war eine orthodoxe Familie; Edith hatte einen Kinderausschlag, der sehr juckte, Onkel Ludwig lief immer im Hut durchs Haus, und Tante Liesl war bleich, aber sehr hübsch. Ich habe da zum ersten Mal gemerkt, daß es auch samstags Sonntag sein konnte. Edith trug einen goldenen Stern an einer Kette, und sie hatten im Eßzimmer einen siebenarmigen Kerzenständer stehen. Ich sah wohl viel, aber verstand nicht alles. Köln war ein bißchen so wie Amsterdam, eine internationale Stadt mit einer großen jüdischen Gemeinschaft. Heute bin ich davon überzeugt, daß die lange Freundschaft mit Löbs mich davor bewahrt hat, dem abscheulichen «Stürmer» in mir Platz zu geben, den ich jeden Tag an verschiedenen Stellen sah. Und in der Schule wurde darüber gesprochen.

Jetzt kommt wieder die merkwürdige Sache, von der ich ja erzählen will. Wie sich von oben herab die giftige Klaue um einen legte, habe ich schon versucht zu beschreiben. Die Endlösung, von der ja alle wußten, wurde gründlich vorbereitet.

*

Eines Tages ging ich in die Schule. Von der Straßenbahn aus sah ich allerlei Ungewöhnliches. Leute waren zusammengelaufen und standen vor einem Schuhgeschäft, die große Schaufensterscheibe war kaputt, und es war ein Durcheinander. Ein paar Sekunden weiter Möbel auf der Straße. Beim Aussteigen am Weyertal sah ich einen Zahnarztstuhl und wieder und wieder kaputte Fenster. Viele Leute waren auf der Straße.

«Wat is datt dänn? Hän se watt mit de Jüdde jedon?»

Die Leute waren aufgeregt und keiner wußte, was eigentlich los war. Aber es waren schon die jüdischen Geschäfte und Häuser, wo's nicht geheuer war. Kleidergeschäft, eingetretene Türen, Polizei.

«Die ärme Jüdde – die ärme Jüdde», rief eine Frau. Eine andere hielt ihr den Mund zu. Sowas durfte man nicht einmal denken.

Alle andern Kinder in der Schule hatten auf dem Schulweg auch sowas gesehen. Was war denn eigentlich geschehen?

Da kam unser Klassenlehrer in die Klasse. Heil Hitler, und es war ganz still. Er nahm einen gedruckten Zettel in die Hand und las uns vor, was los war. Irgendwo hatte jemand jemand anders erschossen, und da war es zuviel für die kochende Volksseele geworden, das deutsche Volk hatte sich gerächt.

«Das ist doch nicht wahr», rief ein Mädchen in unserer Klasse, das über dem Polizeirevier wohnte, was wir alle wußten. «Wir haben doch heute nacht die ganze Polizei ausfahren gehört.»

«Das ist nicht wahr», sagte der Lehrer, «und merke dir, daß das nicht wahr ist.»

Und er las weiter: «Unter diesen Umständen ist es selbstverständlich, daß die Juden die Klasse augenblicklich verlassen.» Ingeborg Goldstein und Edith Rosenthal standen hinten in der Klasse auf, nahmen ihre Schultaschen, guckten sich um und verließen zusammen die Klasse. Es war totenstill. Dann stand ich auf und sagte: «Herr Lehrer, das können Sie doch nicht sagen, es sind doch unsere Mitschülerinnen.»

«So, wenn es dir nicht paßt, dann gehst du jetzt auch nach Hause.»

Das tat ich gerne, denn es gefiel mir wirklich nicht.

Der Rückweg war schrecklich. Nun wußte ich ja, was da geschehen war, daß es nicht ein blöder Streich in einer Straße war. Ich lief nach Hause. Ich wollte nie wieder in die Schule. Sicher wird an dem Tag noch eine brüllende Rede gewesen sein.

Es hatte geschneit, und der Park war weiß. Wir Kinder wollten rodeln gehen. Ich hatte einen großen Schlitten und ging mit Myriam Meier in den Park. Wir fuhren Schlitten, auch mit den andern, und keiner war gegen uns.

Aber als ich am nächsten Tag durch die Petersbergstraße lief, ging bei Brauns ein Fenster auf und die Lotte rief: «Willems, ist es wahr, daß du gestern im Park warst mit dem Schlitten?»

«Ja.»

«Dann also: entweder ich oder das Judenweib.»

Ich verstand sie schon und rief: «Dann eben das Judenweib.» Und damit war unsere eigentlich so innige Freundschaft beendet.

4
Meine Internatszeit

Im Winter 1938, kurz nach der Geschichte in der Schule in Köln, hatte meine Mutter ein Internat für mich gefunden. Es war in Bad Neuenahr, ein teures Pflaster und eine merkwürdige Gemeinschaft. Es hieß «Die Schwertleite», die Direktorin hieß Frau Dr. Engels, und wir nannten sie die Engelsmutter. Der Name des Hauses stammt aus der Ritterzeit und bedeutet Ritterschlag. Es war ein anthroposophisches Haus. Schon als ich auf die Volksschule gehen sollte, hätte meine Mutter mich am liebsten auf eine Waldorfschule getan. Es lag wohl in ihrer Richtung, diese künstlerische, exaltierte Lebensauffassung. So kam ich in eine Schule, von der ich jahrelang nicht sicher war, ob es mir da gut oder nicht gut gefallen hat. Jetzt glaube ich, ja, es hat mir gefallen.

Es war ein schönes Haus an einem Hang in einem großen Garten am Ende des Ortes, da konnten wir direkt in den Wald laufen. Der eine Flügel war Schule, der andere war Internat. Ich kam in ein Zimmer mit kleinem Balkon, wo wir zu fünft wohnten. Auf einmal war ich nicht mehr das Einzelkind. Es war fein für mich, ich fühlte mich wohl. Das erdrückende Gefühl, daß ich immer gesucht würde, war weg und ich hatte kein Heimweh. Auch keine Langeweile. Immer war was zu tun. Und öfters, so gegen Abend, hupte es vor dem Haus, da kam meine Mutter in ihrer weißen Automütze aus dem DKW, dessen Dach sie, wenn eben möglich, offen hatte. Sie brachte Dinge, Wäsche und Kleider, und sie kam rein ins Haus und war ein Stündchen mit uns zusammen. Frau Engels und sie mochten sich gerne, da sie einander sehr bewunderten. Das war für beide ein guter Grund.

Vor dem Frühstück standen wir alle, etwa zwanzig Mädchen, hinter unseren Stühlen. Am Tischende stand hier ihrem Stuhl die Engelsmutter. Sie hatte eine kerzengerade Haltung und stand da, als zöge sie immer den Bauch ein. Sie skandierte sehr kräftig, wenn wir den Spruch sagten, mit dem der Tag begann:

Erde trug's in ihrem Schoß
Sonnenlicht macht' es reif und groß,
Sonn' und Erd', die uns dies schenken,
Immer woll'n wir Dein' gedenken.

Und abends deklamierten wir den Spruch, ebenso stark skandiert:

Bei jedem Bissen Brot
Denk an des Bruders Not,
Der einsam sich am Hunger härmt,
Oh, Du, den Gottes Gnaden wärmt,
Komm, gib ihm Brot und Liebe.

Rhythmik war etwas, das ich in diesem Haus kennengelernt habe. Das tägliche Leben in der Schwertleite wurde durch die Sprüche gegliedert. Sie waren eine Art von Gebeten, bei denen wir um den langen Tisch standen und uns die Hände gaben und mit «der Frau» zusammen die Sprüche skandierten. Dazu mußten wir «das Zwerchfell» beherrschen. Der Zweck der Sprüche war, uns zu leiten und zu formen.

Der Unterricht in der Schwertleite war vollkommen anders, als was ich gewöhnt war. Viel habe ich vergessen — ich war auch kaum ein halbes Jahr dort —, aber an die Stunden bei der Engelsmutter erinnere ich mich noch. Sie gab Deutsch und die fremden Sprachen. Dazu gehörte, daß wir ausführlich die Versformen lernen mußten. Alles war auf Rhythmus gerichtet. Wir hatten große Zeichenhefte und mußten eine Zeile eines Gedichtes zeichnen.

Man mußte die Worte in einer geschlossenen Zeichnung unterbringen, die man immer wieder und in verschiedenen Farben überzeichnen und laut wiederholen konnte. Ich fand es wunderlichen Unsinn, aber ich habe es nicht vergessen, und ich kann mir vorstellen, daß es Hemmungen wegnimmt, daß es einem hilft, den Mut zu finden, großzügige Striche zu machen. Zu meinem Erstaunen erinnere ich mich jetzt an die Form einer meiner ersten derartigen Zeichnungen. Die gefiel der Engelsmutter gut, weil sie einfach war und durch eine gebogene Linie auf den Inhalt der Worte einging. Die Worte waren: «Mit dem Pfeil, dem Bogen».

Die Engelsmutter prägte sich persönlich in unsere

Hirne ein, als wären nur wir, oder gelegentlich nur ich, das was sie entwickeln wollte. Ich glaube, daß, wenn jemand sie persönlich um Hilfe in einer schwierigen Lage gefragt hätte, sie alles was sie konnte für denjenigen getan hätte. Denn wir waren ihre Aufgabe.

In jener Zeit war die Schwertleite mit ihrem leicht exaltierten Namen ein Haus, das versuchte, seinen eigenen Kurs zu fahren. Es hatte keine Macht, weder von der Partei noch von der Kirche, im Rücken. Doch steckte eine schon länger existierende kulturelle Tradition dahinter: der Rhythmus, die Lehre der Farben, die Gedichte mit den vielen Stabreimen, die Tänze in kurzen weißen Hemdchen im Freien und die Auffassung der Engelsmutter von Freiheit-mit-Strenge gehörten zu dieser Tradition. Wir waren frei: Wenn wir wegwollten, durften wir, mußten aber sagen wohin und uns zurückmelden, wenn wir wieder ins Haus kamen.

Im Sommer 1939 war ich fünfzehn Jahre alt und fand mich groß. Um etwas zu unternehmen, schrieb ich der Tante Mathilde in Zürich, daß ich gerne bei ihr meine Ferien verbringen möchte. Zürich-Zollikon, der große Garten mit dem Armin, der Zürichsee, die Wälder in der Umgebung — ich fühle noch die Freude, als sie mir schrieb, daß ich kommen durfte. Zwar war das Gästezimmer vermietet, aber ich konnte im Gartenzimmer hausen. Meine Mutter war einverstanden, und wir fuhren nach Zürich, wo sie mich «abliefern» wollte.

Die Reise nach Zürich ging über München, wo wir zwischen zwei Zügen Zeit hatten, das moderne Museum «Haus der Deutschen Kunst» zu besuchen. Ich kannte das Wallraf-Richartz-Museum in Köln mit seinen mittelalterlichen Malereien, die mir als Kind ein bißchen steif und eigenartig vorkamen, wenn ich da an «unseren Nachmittagen» mit meinem Vater herumlief. Und ich kannte, als Kölner Kind, den Dom, vor allem in der Weihnachtszeit, wenn er gewaltig groß und prachtvoll ausgestattet war mit all den goldenen Kapellen und den vielen Kerzen. Das Haus der Deutschen Kunst hingegen war eine Ausstellung zeitgenössischer Bilder und Plastiken, und außerdem war es ein zeitgenössisches Gebäude. Ich war sehr gespannt, es zu sehen.

Das Museum war großzügig angelegt und aus hellem Stein gebaut. Breite Treppe aus dem Park ins Haus. Das Haus links und rechts unterteilt in symmetrische Kuben und der Eingang ein mißglückter griechischer Tempel. Es war Ferienzeit. Viele Menschen gingen hinein.

Drinnen war alles auch überwältigend groß. Große Räume, große Bilder, und geblieben ist mir die Erinnerung an die Riesenschinken, die ich da gesehen habe. Es waren große, glänzende Ölbildnisse von jungen, blonden, langhaarigen, durch Kornfelder schreitenden Bauerntöchtern mit langen roten Röcken und oben ohne. Auch Bilder von deutschen Müttern mit ihren Kindern und dem Mutterkreuz, das man ja beim, ich glaube, zehnten Kinde bekam. Und dann die freudigen Arbeiter und die gesunden jungen Soldaten, zum Kampf bereit.

«Ein junges Volk steht auf zum Sturm bereit, laßt die Fahnen fliegen, Kameraden.» Fahnen, Hitlerjugend, Blumen, Volkstanz, alles exakt proportioniert, deutlich in Farbe und Haltung — es war schlimm. Die Plastiken waren um kein Haar besser: streitende Krieger, seelenlose Torsen, stramme Weiber und alles ohne die geringste persönliche Note. Keine Frage wurde gestellt, und darum blieb auch keine Frage offen. Ich war so erschlagen von den Eindrücken, die ich aufgenommen hatte, daß ich draußen vor Wut geweint habe. Geweint, daß das Kunst sein sollte, Kunst, unter der ich mir was anderes vorgestellt hatte.

Tante Mathilde wohnte in einem Haus mit winzigen Fenstern. Wenn die offen waren, liefen die Meisen über den Frühstückstisch und hatten keine Angst vor der alten, vollgefressenen Katze Mauki. Wir saßen zusammen am Tisch, Tante Mathilde mit ihrem komischen Knutz auf dem Kopf und ihrem expressiven Gesicht voller Lachrunzeln, der Armin, der ja immer schon mein guter Kamerad war, dem ich versprochen hatte, ihm tüchtig im Garten zu helfen, der Werner, der morgens ins Geschäft ging und erst abends wieder heimkam, das Fräulein, das das Zimmer gemietet hatte, und ich und die Meisen.

Tante Mathilde sang den ganzen Tag. Moritaten, richtige Küchenlieder, die ich leider nicht mehr kenne, und manchmal drückte sie mir eine Kaffeemühle in die Hand und sang: «Kannst mir mal die Rolle drehen, bist so dick und dumm.» Herrlich.

Die Mirabellen im Garten waren reif, die Hühner mußten gefüttert und saubergemacht werden, ich lief zum Hühnerstall unten im Garten und sammelte die

Eier in das Eierkörbchen. Die Maiskolben waren noch klein und saftig, ein bißchen herb, wir aßen sie so vom Stiel. Es blieb noch genug für die Hühner übrig. Wir sahen den See, aber die Berge sahen wir nicht.

Armin half mir und erklärte mir alles. Er hatte ein Grammophon und die Platte *Du schwarzer Zigeuner.* Mit dieser Platte hat er mir ein bißchen Tanzen beigebracht. Sein Hobby war Fotos entwickeln. Es waren große Negative, so groß wie Postkarten. Sie kamen in einen Rahmen auf Fotopapier, und er belichtete sie mit der Uhr in der Hand in der Sonne. Es wurden schöne braune Fotos. Wenn morgens alle schon auf waren und ich es wiedermal verschlafen hatte, kam Armins Hand ins Gartenzimmer mit Mauki, die er auf mein Bett schmiß — so bin ich nie mehr geweckt worden. Manchmal nahm Armin mich mit zum Wandern oder zum Einkaufen in die Stadt, das festliche Zürich mit seiner Schwebebahn über den See, zusammen besuchten wir die Schweizerische Landesausstellung. Es waren richtige Ferien. Köln war weit weg mit den schwülen Telefongesprächen, wenn meine Mutter wollte, daß ich meinen Vater anrief und ich immer wieder Hoffnung bekam auf ich weiß nicht was.

Meine Ferienzeit war beinah um. Eines Abens saßen wir zusammen im Eßzimmer und hörten Radio. Der Schweizer Nachrichtendienst hatte angekündigt, daß Hitler was Wichtiges sagen wollte. Hitler hat etwas Wichtiges gesagt. Seine Truppen waren in Polen einmarschiert und es war Krieg. Wir waren entsetzt, auch wenn dieser Krieg gleich ein *Blitzkrieg* genannt wurde, der wie der Blitz vorbei sein sollte. Noch ehe Hitler ausgesprochen hatte, knallte das Radio und die Sendung wurde unterbrochen. «Sicher ein Attentat auf Hitler.» Das war es leider nicht, kein Attentat hat diesen Mann totgekriegt.

Am nächsten Morgen hatte ich zum ersten Mal meine Tage. Tante Mathilde, die diese Neuigkeit in der Küche von mir hörte, war richtig ein bißchen stolz darauf. Es war für sie, die Bubenmutter, ein großer Moment, und sie half mir mit Tat und Worten durch die praktischen und Was-man-genau-wissen-muß-Probleme. Ich wußte schon davon, denn meine Zimmergenossinnen in Bad Neuenahr waren ja schon so weit. Man brauchte dann nicht mitzuturnen, und wir nannten es Camelia.

«Du fährst jetzt mit diesem Krieg natürlich nicht nach Hause», sagte Tante Mathilde. Gegen diese Mitteilung habe ich mich nicht gewehrt; meine Mutter, die davon verständigt wurde, auch nicht.

Das Wort «Blitzkrieg» war ein verbaler Trick, um die Aufmerksamkeit davon abzulenken, daß es hier um einen ordinären und ganz ungesunden Krieg ging. Armin und Werner sprachen über die Landesverteidigung: Ihr Land war zwar neutral, aber in den Zugangspässen lag Sprengstoff. Bald nachdem England und Frankreich eingegriffen hatten, wurden die Buben mobilisiert. In ihren Uniformen liefen sie nebeneinander durch die Höhestraße weg. Mir war bang vor dem Blitzkrieg. Tante Mathilde fand, daß jetzt meine Ferien um waren und daß ich in eine Schule gehen mußte. Aber meine Mutter konnte kein Geld mehr aus Deutschland überweisen, und Tante Mathilde hatte nicht so viel Geld. Also war meine letzte Hoffnung mein Onkel Wim in Amsterdam. Er wurde angerufen, und er war bereit, Geld an das Kinderheim zu überweisen. Ich brauchte so allerlei und ging mit Tante Mathilde in die Stadt. Wir kauften einen Wintermantel und ein paar feste teure Schweizer Schuhe. Die haben mir treu bis zum Kriegsende gedient, aber das wußte ich damals noch nicht. In einem Rucksack und meinem Köfferchen war mein ganzer Kram, und so setzte mich Tante Mathilde in den Zug nach Luzern. Da lag mein Schiffli, das mich über den Vierwaldstättersee nach Vitznau brachte; von da aus mit der Zahnradbahn nach Rigi-Kaltbad. Herr Renggli holte mich an der Bahn oben ab, ich wäre auch alleine zur «Bergsonne» gelaufen, so vertraut war mir alles. Ich schlief im Zimmer zusammen mit Elli und Trudy Renggli, und mir war, so war mir wirklich, als sei ich nicht weg gewesen. Fast jeden Morgen, wenn wir wach wurden, sahen wir das Nebelmeer. Daraus ragten gerade der Rücken des Bürgenstocks und der Pilatus, der hinter Luzern steht, und weiter das ganze Berner Oberland in der Morgensonne. Die fernen weißen Berge, die schon Neuschnee hatten, der dunkelgrüne Bürgenstock, auf dem man die kleinen Bäume sieht, und ein kleines Stückchen die Rigi hinunter bis zum wattigen, leicht sich bewegenden Nebelmeer. Der vertraute Duft des hölzernen Hauses. Die kleine Frau Renggli, die viel lachte und alles «luschtig» fand und die so gut für uns gekocht hat. Gruselig war nur, daß es so aussah, als ob der Krieg doch noch nicht so schnell vorüber wäre.

In der Schule wurde ich oft über das gefragt, was wir in Deutschland gelernt hatten. Fräulein Peters schüttelte über die merkwürdigen Antworten den Kopf und fragte mich, ob ich darüber nicht einmal einen Aufsatz schreiben wolle. Zwar hatte ich eine innere Abwehr gegen alles, was sich auf politischem Gebiet tat, aber ich habe doch diesen Aufsatz geschrieben über das, was man uns so eingebleut hatte. Durch diesen Aufsatz erinnere ich mich noch an folgende Fragmente: Es gab direkte Parallelen zwischen Hitler und Jesus. Jesus wollte die Sünden der Menschheit auf sich nehmen. Das war zuviel, und darum wurde er gekreuzigt. Hitler nahm die Sorgen des großdeutschen Volkes auf sich, das war nicht zuviel, und darum wurde er nicht gekreuzigt. Jesus hatte durch seine Jünger die Macht bekommen, Hitler ebenso durch seine Parteigenossen. Hitlers Gesichtszüge ähnelten den Gesichtszügen Jesu. Die Schweizer waren richtig erstaunt. War Jesus nicht ein Jude? Das hatte man uns nicht dazu erzählt, denn im Dritten Reich wunderte man sich nicht, und darum konnte man auch nicht zum Fragen kommen. Das war es eben.

Es waren herrliche Wochen da oben, Herbst wurde es, und auf Rigi-Kulm fiel der erste Schnee. Da kam ein Anruf aus Amsterdam. Onkel Wim sagte, daß mein Vater sehr krank sei und daß es besser wäre, wenn ich jetzt nach Köln ginge.

Am nächsten Tag habe ich gepackt. Das Köfferchen und den Rucksack.

Rengglis haben mir viel Reiseproviant mitgegeben: Stücke Schweizerkäse, Schokolade, Brötchen, Apfelsinen und, um gut durch den Krieg zu kommen, noch ein paar Stück Seife und eine ganz große Büchse Nescafé. Das war eine Neuigkeit, die ich noch nicht kannte, und ich war tief enttäuscht, als der Nescafé sich in Köln im Wasser auflöste.

Frau Renggli sagte: «Dann fährscht abi uf Vitznau, mit dem Schiffli na Luzern, da schlöfscht bei mim Bruder dem Zahnarzt, dann bischt früh ufem Bahnhof uf Basel, da hascht dann Zyt und dann finscht an Zug uf Köln.»

Mir war das Herz schon in die Schuhe gerutscht, weg wollte ich ja nicht. Ich wollte nicht weg, nicht so Hals über Kopf, und darum fragte ich, ob ich nicht wenigstens bis Vitznau laufen dürfe. Einfach die Rigi runter, verlaufen kann man sich nicht, denn da ist immer das Geleise der Zahnradbahn. Es war gutes Wetter und sie haben mich verstanden. Herzlich war der Abschied. Ich war gesund und stark und ich lief mit dem Rucksack und dem Köfferchen die Rigi runter. Ich hatte Reisegeld und meinen holländischen Paß.

So lief ich, weit unter mir der Vierwaldstättersee, der Bürgenstock und dahinter die Berner Alpen. Ich lief und fühlte mich so allein. Hügelige Wiesen, Tannenwälder, ein paar Felsen, ein paar Kirschbäume, hier und da in der Ferne ein Hof, und ich lief in einer Stille in dem bezaubernden Land. Ich spürte schon die erste Blase im Schuh und fühlte mich unendlich allein. Da hörte ich was und schaute mich um. Es war Rengglis Hund, ein dunkelbrauner Dobermann. Ich hab ihn gestreichelt, seinen Kopf gekrault und gesagt, geh nach Hause, aber er ist mit mir gelaufen, vor mir, hinter mir und neben mir bis zu den ersten Häusern von Vitznau. Da hat er mit seinem Stummelschwänzchen gewackelt und ist mit großen Sprüngen die Rigi wieder raufgesprungen. Ich glaube, daß Rengglis ihn hinter mir her geschickt haben, und ich war froh, daß ich auf dieser Wanderung so einen Begleiter hatte. Dann kam in der Abendsonne noch einmal die Fahrt mit dem Schiff von Vitznau über Weggis nach Luzern. Frau Dahinden holte mich am Schiff ab und ich wurde bei ihr herzlich empfangen. Sicher hat sie noch die «Bergsonne» angerufen, daß ich gut, wenn auch mit sieben Blasen, angekommen war. Die Füße wurden versorgt und bepflastert, und sie taten am nächsten Morgen vor der großen Reise nicht mehr weh.

Frau Dahinden brachte mich an den Zug. Sie stopfte alle Stellen im Köfferchen, die noch nicht ganz voll waren, mit Schokolade zu. Sie kannte mich eigentlich nicht, aber sie wußte, daß ich in den Krieg mußte. Ich hatte das ganze Deutschlandproblem in irgendein Loch in meinem Kopf gesteckt und wollte nicht daran denken. Ich hatte das vage Gefühl, daß es mit meiner Mutter und mir schon gut ablaufen würde, und ich konnte mir einfach nicht vorstellen, was logischerweise geschehen mußte und was auch geschehen ist.

Ich aß meine Brötchen und ließ «Lindt & Sprüngli» im Gepäck. Das wollte ich der Mutter und dem Vater mitbringen. Und so trudelte ich mittags in Basel ein. Beim Geldwechseln mußte ich meinen Paß zeigen. Und dann wurde es schwierig. Mein Paß wurde mir abgenommen, auch der Rucksack und das Köfferchen.

Ich wurde von einer unfreundlichen Frau in eine Kabine geschleppt, wo sie mich von allen Seiten abtastete. Trainingsanzug aus, Schuhe aus, die wurden weggenommen. Ich geriet in Panik. Da stand ich und war schon froh, daß ich wenigstens meine Klamotten wiederbekam und mich wieder anziehen konnte. Sie hatten in meiner Kleidung weder Staatsgeheimnisse noch Waffen gefunden. Aber auch angezogen blieb es eine verdammte Situation.

«Wo kommst du her?»

«Aus dem Kinderheim ‹Bergsonne› auf der Rigi.»

«Wie kamst du dahin?»

«Ich war da zur Erholung.»

Ich konnte doch nicht sagen, daß ich da den Krieg eben abwarten wollte.

«Und wohin willst du jetzt?»

«Ich will nach Köln.»

«Du bist doch Holländerin, was willst du denn in Köln?»

«Ich will da zu meiner Mutter, ich wohne in Köln.»

«Warum willst du denn jetzt zu deiner Mutter?»

«Weil mein Vater so krank ist.» Und ich fing an zu heulen. Ich hatte Angst, ich hatte kein schlechtes Gewissen, aber ich merkte, daß ich mit allergrößtem Mißtrauen behandelt wurde, und konnte das nicht verstehen. Ich hatte mich entschlossen, nichts mehr zu sagen. Ich verstand die Schwierigkeiten nicht, die mir gemacht wurden. Ich saß bockig auf einem Stuhl in der Kabine. Nach einer Weile kam die Frau wieder und schleifte mich in ein Büro. Da saß ein hoher Offizier und da standen zwei Soldaten mit Gewehren. Der

Offizier wies mir einen Stuhl an, ihm gegenüber. Zwischen uns stand der Schreibtisch.

Arrogant und eindringlich sagte er zu mir:

«Was bedeutet der Kode «COMWILCIE»?»

Ich antwortete vollkommen ehrlich: «Das weiß ich nicht.»

«Was bedeutet der Kode Comwilcie?» brüllte er.

«Wir haben im Gepäck die geheimen Papier gefunden», erklärte er mir. Ich wurde immer verdatterter.

«Ich habe keine geheimen Papiere.»

«Was bedeutet der Kode Comwilcie?»

Ich wußte es wirklich nicht, ich sah es einfach nicht. Hinter mir die Kerle mit ihren Schießgewehren, ich mußte nach Köln und der Mann brüllte was von Kode. Ich wußte nicht einmal, was ein Kode war. Ich glaube, daß ich in dem Moment überhaupt nichts wußte.

«Was denn für Papiere? Ich hab gar keine Papiere.»

Da schmiß er einen Brief von Onkel Wim aus Amsterdam auf den Tisch. Ich sagte, das sei ein Brief von meinem Onkel in Holland. Er las den Brief, nun nicht mehr als Kode, sondern als Brief, und er schickte die beiden Soldaten weg.

«So, jetzt erzähl mir mal alles.»

«Meine Eltern sind geschieden, mein Vater ist krank geworden, ich war im Kinderheim «Bergsonne» und mein Onkel hat das bezahlt. Mein Onkel ist Bankier in Amsterdam.»

«Dann ist es Wim Willems aus der Schubertstraat. Den kenne ich noch von früher.» Etwas aus der normalen Welt drang plötzlich in seine militärische Welt hinein, und das machte ihn in dem Moment menschlich.

«Comwilcie» war die Telegrammadresse der Firma Willems, die auf dem Briefpapier stand.

Mir wurde sofort besser. Ich muß sagen, er hat dann gut für mich gesorgt. Ich bekam auf dem Bahnhof noch etwas zu essen, ich glaube aus dem Offizierstopf, er hat mir einen guten Platz im Zug besorgt und sich allerfreundlichst von mir verabschiedet. Ich hatte alles zurückbekommen, sie hatten nichts geklaut.

Mein Grenzübergang war also doch noch gut abgelaufen, aber ich hatte gleich gelernt, daß man vorsichtig sein mußte. Und diese Vorsicht lag nun einmal nicht in meiner Art.

Dann war ich zurück in Köln, in der Wohnung der Mutter, von wo aus ich bald den Vater besuchte. Er wohnte schon seit Jahren bei einer anderen Frau, mit der er nicht verheiratet war, in einem vornehmen Viertel am Rhein. Ich erschrak, als ich ihn sah. Er lag im Bett, war ganz gelb und aufgedunsen. Frau Kersten kam rein mit einem silbernen Tablett mit Schokolade und Kuchen. Ich ging ans Fenster und sah auf den Rhein, der war wenigstens freundlich. Frau Kersten war übrigens nicht unfreundlich. Sie ließ uns auch schnell alleine.

Ich fuhr oft zu meinem Vater, ich hatte ja nichts zu tun. Die Schwertleite war viel zu teuer. Meine Mutter hatte seit einiger Zeit eine Vertretung von pharmazeutischen Artikeln. Sie hatte ihren Führerschein gemacht und war den ganzen Tag unterwegs. Für mich wurde vorläufig nichts geplant. Mein Vater sagte, er glaube, er werde wieder gesund. Aber sein Gesicht wurde immer kleiner, er war sehr müde; ich besuchte ihn fast jeden Tag und es war schon wieder Weihnachten und es wurde Januar 1940.

Da hatte ich nachts einen klaren Traum:

Es war Nacht. Die Krankenschwester saß am Bett meines Vaters. Mein Vater schlief. Er wurde wach und sagte zur Schwester: Ich möchte was trinken. Die Schwester gab ihm ein Glas, er richtete sich auf und fiel tot ins Kissen. Am nächsten Morgen kam meine Mutter erregt in mein Zimmer, und ich sagte: «Der Vati ist tot.» Sie war überrascht, ja, er war tot, und das Ende war genau so gekommen wie in meinem Traum.

Mein Vater wurde kremiert. Onkel Wim kam aus Amsterdam und nahm mich mit zu der Feierlichkeit in der Aula vom Friedhof. Meine Mutter wollte eigentlich auch mitkommen, aber Onkel Wim riet ihr nachdrücklich davon ab. Auf der rechten Seite neben dem Mittelgang saßen Frau Kersten und alles Leute, die ich nicht kannte; links saßen Onkel Wim und ich. Wir waren ganz alleine. Der Pfarrer hielt eine Predigt über das Leben meines Vaters. Ich weiß davon nur noch, was nicht gesagt wurde: daß mein Vater verheiratet war und eine Tochter hatte. Nach der Predigt wurde geweint und geküßt, und Onkel Wim und ich saßen dabei, als wären wir bei einer fremden Beerdigung. Frau Kersten hat mich nicht angesehen, hat mir nicht die Hand gegeben und mich niemandem vorgestellt. Ich hätte mich am liebsten in die Westentasche von Onkel Wim verkrochen. Er fühlte, wie ich mich fühlte, und nahm mich schnell mit in die Wohnung meiner Mutter. Es war gut, daß sie nicht mitgekommen war.

Dann kam das Testament. Ich war Alleinerbin. Onkel Wim sagte aber, daß ich die Erbschaft nicht antreten sollte, weil da so viele Schulden waren, für die ich hätte aufkommen müssen. Obwohl ich es nicht richtig kapierte, wußte ich, daß Onkel Wim sich in diesen Dingen auskannte, und ich folgte seinem Rat. Dann hörten wir merkwürdige Geschichten. Frau Kerstin habe all seine persönlichen Sachen unter seine Bekannten verteilt. Auto weg, die Anzüge und Schuhe. Das Tempo, in dem das geschehen war, fand ich aufregend, ich wollte ja nicht seine Schuhe. Schließlich war alles weg und ich hatte sechs silberne Teelöffelchen in der Hand. Die Teelöffelchen habe ich noch.

Nach dem Tode meines Vaters im Januar 1940 kam ich auf die Theodor-Fliedner-Schule in Kaiserswerth bei Düsseldorf, eine Schule mit Internat, die von Kaiserswerther Diakonissen geleitet wurde. Wieder war ich in einer vollkommen neuen Gemeinschaft, in der ich keine Seele kannte. Ich hatte ein Zimmer zusammen mit Luise und Maria. Luises Vater war ein großer westfälischer Bauer und ihre Mutter war gestorben.

Es war eine stenge Schule, aber ich habe mich da wohl gefühlt. Die Klassen waren klein, sieben oder acht Schülerinnen, und die Lehrkräfte vortrefflich. Die Stimmung in der Schule war ruhig und freundlich, es wurde gearbeitet. Man konnte fragen, wenn man etwas nicht verstand, und es gab Gelegenheit, alles zu erklären. Ich glaube, daß es für mich sehr gut gewesen wäre, wenn ich in dem Haus ruhig hätte bleiben und da mein Abitur machen können. Wenn irgendwo, wäre es mir in dieser Schule gelungen.

Die Theodor-Fliedner-Schule war ein großes, graues Gebäude mit zwei vorspringenden Seitenflügeln und einem Mittelgebäude, in dessen Mitte sich die Aula befand. Die war rund gebaut, nach vorne und vor dem ganzen Mitteltrakt war eine lange, flache Treppe, die um die Aula auch rund nach vorne lief. Zwischen den Seitenflügeln war eine Wiese zum Spielen, dahinter ein großes Stück Land mit Kastanienbäumen und Bänken. Man konnte von dort aus durch ein Tor auf die Straße kommen.

Hinter dem Haus war der Garten, aber dahin durften wir nicht, denn da lag unsere Einquartierung. Das war ein Haufen Fliegerabwehrsoldaten mit ihren Offizieren, die die linke Hälfte des Hauses und die Aula belegt hatten. Alle, die Soldaten und wir, saßen oft auf der langen Treppe in der Sonne und haben uns unterhalten. Es gab auch Mädchen, die sich in einen der Soldaten verliebten oder sogar in den Herrn Oberst, aber soviel ich weiß, hat's da keine Probleme gegeben.

Aber da gab es noch etwas anderes, das ich unglaublich fand. Von unserem Wohnzimmer aus konnten wir in den Garten der Soldaten sehen. Darin standen verschiedene Schuppen, deren Dächer mit roten Kreuzen bemalt waren. Auch auf unserem Gebäude war ein großes rotes Kreuz: es war ja ein Internat voller Kinder. Wir fragten, was in den Schuppen drin sei und warum die roten Kreuze. Es liege Munition in den Schuppen, erfuhren wir, und wenn die durch ein Flugzeug getroffen würde, dann wäre das für uns zu gefährlich, denn dann explodierte so ein Schuppen. Bisher war ja alles noch Theorie, Fliegerabwehr war nirgends notwendig, denn Göring, der Oberflieger, brüllte: Niemals wird ein feindliches Flugzeug über unsere Grenzen kommen, und wenn es kommt, wird es abgeschossen.

Ich weiß noch, wie mich die roten Kreuze auf den Schuppen geärgert haben. Die roten Kreuze waren eine Art Spielregel in dem Krieg, und ich fand das eine richtige Sünde, die so zu mißbrauchen. Sie waren zwar zu unserm Schutz — und dennoch. Es wäre schon besser gewesen, hier mit dem elenden Krieg aufzuhören, der doch nichts Gescheites bringen sollte.

Sonntags gingen wir in die Kirche. Die Regierung hatte schon am Anfang des Krieges verlangt, daß alle Geistlichen die Fürbitte um das Gelingen des Krieges in ihr Gebet aufnehmen. Da aber gerade manche Geistliche nichts von den Nationalsozialisten wissen wollten und vom Krieg noch weniger oder gar nichts, wurden merkwürdige Formeln in die Gebete aufgenommen: «Schenke, o Herr, dem Führer und seinen Ratgebern viel Verstand.»

Wir lebten da in einer totalen Frauengemeinschaft. Alle Lehrerinnen und das Personal des Internats waren Diakonissen. Das Internat war in kleine Gruppen, die «Familien», eingeteilt.

Die Hausmutter war die Mathematiklehrerin, Schwester Anna Riehl. Sie war klein, bleich, mit glatten blonden Haaren unter der weißen Haube. Sie sprach leise, blinzelte mit den Augen und hatte ein bißchen vorspringende, gelbe Schneidezähne. Sie sprach die Andacht, wählte den Tagesspruch, saß am Kopfende des Tisches, und alle taten, was sie wollte. Sie brauchte nie laut aufzutreten, denn sie sagte nur, was wir tun sollten, und wir taten es.

Die Soldaten hatten unsere Turnhalle besetzt. So konnten wir nicht, wie in anderen Schulen, jeden Tag turnen. Wohl aber lernten wir schwimmen. Zum Schwimmexamen gehörte ein Sprung vom Fünf-Meter-Sprungbrett. Schwimmen konnte ich, aber Angst hatte ich vor dem Sprungbrett. Oft stand ich oben und ging dann über die Treppe wieder runter. Luise sprang lustig und ohne Angst, und sie fand mich dumm, weil ich Angst hatte. Als ich beim Schwimmexamen oben stand und sie sah, daß ich wieder über die Treppe zurückwollte, kam sie rauf, nahm mich auf den Rücken, und wir haben es überlebt, ich hatte mein Examen bestanden und bin nie wieder gesprungen. Aber in meinem Zeugnis von damals steht der bezeichnende Satz: «Die Leistungen in Leibeserziehung reichen nur schwach aus.»

Neben den Fächern für die Promotion hatten wir viel Musikunterricht. Schwester Gertrud, lang und mit weißen Haaren unter der Haube, die bei ihr oft vor lauter Freude beim Dirigieren schiefrutschte oder sogar abfiel, hat uns viele prächtige Psalmen singen lassen. Eine ganze Wand über dem Flügel im großen Musikraum war voller Renaissance-Engel, die auf ihren Instrumenten spielten. Wir lernten nach Noten singen und waren in sechs Stimmen eingeteilt. Ich gehörte zu den tiefen Stimmen, und Schwester Gertrud dirigierte. Mit den langen Händen gab sie den Stimmen den Einsatz: «Do-re-mi-fa-sol-la-si-do.» An weltlicher Musik hatten wir das Liederbuch *Das aufrechte Fähnlein.*

Mit Schwester Gertrud gingen wir abends oft an den Rhein, der dort in Kaiserswerth ein breiter Fluß ist, mit Wiesen und hohen Pappeln am Ufer. Da saßen wir zusammen und sangen, oder sie erzählte uns oder wir fragten etwas. Um Kaiserswerth herum war ein Deich angelegt. Es war eine Allee mit großen Bäumen, sicher Ulmen. Wenn wir ans Wasser gingen, lief manchmal unter den Bäumen ein alter Herr in ganz groß kariertem Anzug, mit einer Kappe auf dem Kopf und einem Stock in der Hand. Wir wußten, es war ein Dichter, und wir grüßten ihn voller Respekt. Nie haben wir mit ihm gesprochen, doch habe ich seinen Namen nicht vergessen. Er hieß Herbert Eulenberg.

Wir hatten auch Kochen. In der Schule gab es eine große, praktische Küche, und wenn wir fertig waren, durften wir alles aufessen. Weil man eben nicht alles in den Geschäften kaufen konnte und Fräulein Wieland uns doch etwas lehren wollte, und weil es Frühling war, schickte sie Luise und mich aus, um Brennesseln zu pflücken für einen Brennesselkuchen.

Wir zogen mit einem Korb los und pflückten hier und da an den Straßenrändern und auf den nahen Wiesen ein paar Brennesseln. Jung und frisch waren sie und brannten mit ihrer gesunden Kieselsäure. Aber der Korb wurde nicht schnell voll. So kamen wir schließlich auf den Friedhof, wo ganze hellgrüne Brennesselbüschel wuchsen. Wir rupften und rupften, bis der ganze Korb prallvoll war. Aus diesen Brennesseln machten wir dann unter Leitung von Fräulein Wieland mit weißer Einbrenne und Salz und Muskat einen «Kuchen» in einem Reisrand *au bain-marie.*

Man konnte das Produkt in Scheiben schneiden, und alle haben wir ein Stück davon gegessen. In der Nacht darauf hatte ich merkwürdige Träume. Die Gebeine der Toten, von deren Gräbern wir Brennessel gerupft hatten, standen in mir auf und sausten um mich herum. Am nächsten Morgen hatte ich die wilden Gespensterträume vergessen, bis ich wieder einmal, und zwar in den sechziger Jahren in Antwerpen, Brennesselsuppe aß. Auch davon bekam ich wundersame, wilde Träumereien, und da fiel mir der Brennesselkuchen vom Friedhof wieder ein.

«Brennessel und Hanf (Marihuana) sind nah verwandte Pflanzen», sagte mein Mann. Und das stimmt.

Im Internat war unsere «Familienmutter» Schwester Charlotte. Sie war klein und alt und sehr ordentlich. Alles mußte in Ordnung sein. Wir hatten kein Wasser im Zimmer, sondern je einen Waschtisch mit Wasserschüssel und Kanne, die wir auf der Toilette auch warm füllen konnten. Dabei durften wir nicht spritzen und kleckern und taten das auch nicht. Wir hatten wenig Platz für unsere Sachen: eine Schublade und zwei Fächer. Kleider und Schuhe kamen in einen Kleiderschrank.

Während wir in der Schule waren, und das wußten wir, ging Schwester Charlotte um und sah nach dem Rechten. Sie hatte einen schwarzen Flanell-Lappen, um zu kontrollieren, ob wir auch gründlich Staub gewischt hatten. Eines Tages mußte ich in ihr Zimmer kommen. Sie war traurig, denn da war etwas Unehrliches, das sie bei mir gefunden hatte. «Etwas vom Teufel», sagte sie, um mir zu helfen. Ich dachte, daß jemand was Unartiges – was es auch sein mochte – zum Scherz in meine Schublade gesteckt hatte.

Da ich nicht wußte, was sie meinte, ist sie mit mir durch den langen Gang in unser Zimmer geschlufft und hat meine Schublade aufgezogen. Vorne links in der Ecke lag ein Taschentuch, und unter dem Taschentuch lag meine Sünde: ein kleiner, gelblicher Lippenstift, mehr fett als rot. Das war vom Teufel, und dazu zugedeckt unter einem Taschentuch. Ich konnte die große Sünde nicht erfassen und legte den Stift auf das Taschentuch.

Es war wohl ein sehr strenges Internat, und ich weiß, daß es Mädchen gegeben hat, die geheult haben, bis sie wegdurften. Es gab strenge Strafen, und die schlimmste war der Hausarrest, dann durfte man am Wochenende nicht nach Hause. Ich aber konnte das, was nun einmal unangenehm war, ausklammern und meinen eigenen Spaß am Leben haben. Noch 1982 sagte Luises Mann zu mir: «Von dir weiß ich, daß du die einzige warst, die dort gelacht hat und Freude in die Bude brachte.»

Heute kann ich mir das nur so erklären, daß es mit meiner Kinderzeit zusammenhängt. Ich habe genug von meinen Eltern erzählt, um sagen zu können, daß ich sie beide überhaupt nicht verstand und wohl auch nicht hätte verstehen können. Dennoch habe ich sie beide von ganz tief innen heraus immer geliebt. So hatte ich gelernt, die Dinge zu erleben, wie sie sind, ohne daß ein bestimmtes warmes Grundgefühl dadurch beschädigt wird.

In dieser Frauengemeinschaft von Schülerinnen und

Schwestern gab es schon merkwürdige Gefühlsausbrüche, die mich manchmal innerlich beben ließen, da ich sie nicht verstand (oder gerade sehr wohl verstand).

Schwester M., unsere jüngste Lehrerin, war lang und schlank und konnte lustig sein. Sie war nicht streng und rief manchmal verzweifelt: «Don't chatter, girls!» Wenn sie Vokabeln abhörte, stand sie kerzengerade vor der Klasse und streichelte sich wie unbewußt über ihre Brust. Manche Schülerinnen schwärmten für sie. Margret, die Beste in unserer Klasse, ist ein paarmal einfach im Gang vor Schwester M'.s Zimmertüre umgefallen.

Wir hatten manche Schauergeschichte gehört von den strengen Regeln, die für die Schwestern galten. So dachten wir, daß sie sich selbst nicht nackt sehen durften. Dann mußten sie in unseren Augen in der Badewanne entweder ein Hemd tragen, oder, wie konnte es sonst sein, ein Fläschchen Kalkwasser ins Badewasser gießen. Wie das in Wirklichkeit vor sich ging, wollten wir wohl wissen, und darum wurde vor dem Badezimmer herumgeschlichen. Und was war das Ergebnis dieser Schleichereien? Zwei unserer Haushaltschwestern, beide schon älter, waren zusammen in einem Badezimmer gesehen worden. Die Aufregung unter uns hierüber war riesig.

Beim Mittagessen wurde die Post ausgeteilt. Wir alle bekamen ab und zu Post von den Eltern oder so. Eines Tages legte Schwester Anna einen Brief auf die Seite und sagte: «Truusje, du kommst nachher in mein Zimmer.» In solchen Momenten geriet ich in Panik. Schweren Herzens klopfte ich an ihre Tür. Sie ließ mich rein und sagte: «Setz dich, bitte!»

Dann zeigte sie mir einen Brief. Ich erkannte gleich die schwungvolle Schrift von Helmut. Und hintendrauf stand als Absender sein Name.

«Von wem ist der Brief?» fragte sie.

«Von meinem Freund Helmut.»

«Weiß deine Mutter davon?»

«Ja, und wir kennen uns schon zehn Jahre lang.»

«Bitte, mach den Brief auf und sage mir, was drin steht.»

Ich machte den Brief auf und las, daß Helmut mich am Samstag mittag in Kaiserswerth besuchen wollte. Das sagte ich zu Schwester Anna.

«Und deine Mutter kennt ihn und sie hat nichts dagegen?»

«Meine Mutter kennt ihn und hat natürlich nichts dagegen.»

«Dann darfst du ihm schreiben, daß er dich Samstagmittag besuchen darf.»

So ging das. Ich glaube nicht, daß es je jemand gelungen ist, Schwester Anna zu belügen.

Am Samstag mittag wurde ich gerufen, weil mein Besuch da war. Ich sah über das Treppengeländer in die große Halle.

Da stand er. Sein dunkles, welliges Haar war gescheitelt, er hatte einen richtigen Anzug an, hielt sich die Hände auf dem Rücken fest und schaute sich um in dieser fast klösterlichen Halle. Ein Kölner Oberschüler im Jahre 1940. Ich sauste die Treppe runter und sprang ihm um den Hals, ganz froh und ausgelassen.

Er streckte sich, stolz und auch froh. «Ich bin der jüngste Autofahrer von Deutschland.» Er hatte seinen Führerschein gemacht, war noch nicht mal achtzehn Jahre alt, und er war im Auto seines Vaters gekommen. Ich war warm vor Stolz auf meinen schönen Helmut. Wir haben gemacht, daß wir wegkamen, und sind im Auto nach Düsseldorf gefahren. Helmut stand kurz vor seinem Abitur in der Jungenschule im Weyertal. Wir hatten uns lange nicht gesehen. Er hatte unterdessen ein Brüderchen bekommen. Das hatte er mir das letztemal nicht sagen können, weil wir beide zu verlegen waren. Zwar waren wir jetzt schon größer, aber wir waren doch beide noch Kinder, und unsere Freundschaft blieb eine richtige Kinderfreundschaft.

Etwas war in jener Zeit ohne Waschmaschinen ganz merkwürdig. Das Internat hatte keine Bettwäsche und keine Wäscherei. Wir hatten unsere eigenen Bettücher, und die wurden immer in Paketen, zusammen mit der Unterwäsche und den Kleidern, zwischen Schule und zu Hause hin- und hergeschickt. Ich schickte nach Köln, Luise schickte nach Unna, und so machten es auch die andern. Das war sehr umständlich, aber es hatte auch was Nettes. Vor allem die Pakete, die Luise vom Hof bekam, das waren richtige Freßpakete mit guten Würsten, Kuchen, herrlichem Brot, Butter und was es sonst noch auf dem Hof gab. Weil Luise lieb war, hat sie ihre Dinge nie alleine aufgegessen, sondern sie immer mindestens unter uns dreien verteilt.

Die Pakete kamen und gingen; ich erinnere mich nicht, daß je eins verlorengegangen wäre.

Zu unserer Ausbildung gehörte ein Praktikum von sechs Wochen in einem Krankenhaus. Ich freute mich, denn ich durfte mit Luise auf der Säuglingsabteilung des Krankenhauses von Unna arbeiten. Ich wohnte also in dieser Zeit auf dem schönen, großen Hof Vaersthausen. Unsere Arbeit war das Betreuen von vielen Babies, gesunden Babies, und auch von ihren Müttern. Bei den Entbindungen waren wir nicht dabei, die Hebamme, eine besonders resolute Frau, fand uns dafür einfach zu jung. Wir kannten die Wöchnerinnen alle, ehe sie ihr Baby hatten, und waren immer neugierig, was jede Mutter für ein Baby bekam. Eine kleine, ängstliche Mutter bekam ein weinerliches Baby, und eine andere, die alles aufaß, was man ihr gab, und dazu noch Würste und Obst von ihrem Hof verschlang, so daß wir darüber kicherten, bekam einen Zehnpfünder, der sie selbst fast auffraß. Auch war da eine ausgemergelte, in unsern Augen alte Frau, die schon ein goldenes Mutterkreuz trug, bei der ein Kaiserschnitt gemacht wurde. Ein prächtiges Kind war geboren, es hatte sich nicht durch den natürlichen Weg herauszwängen müssen.

Bei der Arbeit trugen wir weiße Schürzen mit großen Taschen. Wir fütterten die Babies, wenn es nötig war, wir gaben ihnen frische Windeln, wir versorgten die vielen Blumensträuße, wir räumten auf und machten alles peinlich sauber, denn unsere Hebamme war sehr für Ordnung und Reinlichkeit. Mit den Babies gingen wir natürlich vorsichtig um, es waren schließlich keine Puppen, aber ich denke noch mit Vergnügen daran, wie die Hebamme mit der kleinen Gesellschaft umsprang. Wie sie die kleinen Wesen packte, Grimassen schnitt und auch das schläfrigste Baby zu Aktivitäten ermunterte. Sie war eine besondere Dompteuse. Luise und ich waren fleißig und taten so gut wie wir konnten, was sie sagte. Darum mochte sie uns und sprach mit uns und erklärte uns alles, wonach wir sie fragten. Man sagte, daß sie grantig sei, und sie schimpfte auch manchmal mit den Müttern, wenn sie nicht mithalfen, und manche Mütter hatten Angst vor ihr.

Der Bus, der uns ins Krankenhaus fuhr, war immer rappelvoll. Einmal bremste er plötzlich, ich fiel und saß auf Luises Schoß. Aber als ich aufstehen wollte, kam ich nicht mehr hoch. Luise sagte noch: «Mach keinen Quatsch», aber ich konnte mich wirklich nicht mehr aufrichten. Sie schleifte mich aus dem Bus und brachte mich zur Hebamme. Sofort Röntgenfoto — das Steißbein war luxiert. Das tat ganz schön weh. Die Hebamme hat mir den Rücken massiert, und ich konnte wieder laufen, aber ich habe noch lange Zeit Diathermie bekommen.

Weil Luises Mutter gestorben war, hatte ihr Vater eine Haushälterin. Wenn unsere Wäsche und die Schürzen schmutzig waren, wurden sie von der Haushälterin gewaschen. Einmal kam sie wie eine Furie auf mich los. Sie schimpfte und schrie von «so 'ner Schweinerei», und ich kapierte absolut nicht, was ich getan hatte. «Hier, das hab ich in deiner Schürzentasche gefunden. Und jetzt aus dem Haus, und ich will dich raffiniertes Ding nie mehr sehen.»

Sie hielt mir etwas unter die Nase, das ich beim Aufräumen des Kreißsaales in die Tasche gesteckt hatte, weil ich nicht wußte, wohin damit, und das ich nachher vergessen hatte. Jetzt hatte sie es gefunden. Ich konnte ihre Wut nicht verstehen. Selbst wenn sie gedacht hätte, ich hätte das Ding gestohlen — es hatte noch nicht mal den Wert einer halben Mark. Ich sagte, versuchte zu sagen, daß ich das Ding im Kreißsaal aufgehoben hätte und in die Tasche gesteckt. «Laß dir das bescheinigen, laß es dir nur bescheinigen.» Und so zogen wir beiden Helden ab. Ich fragte Luise: «Was hat sie denn? Warum glaubt sie mir nicht?« Luise wußte es auch nicht. Unsicher und betreten gingen wir zu unserer Hebamme und erzählten die wunderliche Geschichte. Sie war erstaunt, und plötzlich fing sie an, schallend zu lachen. «Gib her das Ding», und sie nahm einen großen Zettel und schrieb darauf mit deutlichen Buchstaben: *Das ist ein Untersuchungsfingerling und nichts anderes.* Sie nietete das Ding am Papier fest und knallte noch einen Stempel vom Krankenhaus drauf. «Was hat die Haushälterin denn gemeint?» fragte ich, immer noch etwas betreten. Da brüllte die Hebamme wieder vor Lachen und sagte: «Eines Tages wirst du das schon hören, und dann kannst du auch drüber lachen.»

In dieser Zeit ging es an, daß wir durch den jaulenden Ton der Sirenen aus unserm Schlaf gerissen wurden. Dann torkelten wir schlaftrunken in den Keller. Schwester Anna sagte leise: «Bitte, Kinder, zieht euch warm an. Zieht euch so an, daß, wenn was passiert, ihr nicht im Schlafanzug auf der Straße steht.» So lagen immer die Trainingsanzüge neben unserem Bett.

Wenn was passiert? Was sollte denn schon passieren? Manchmal hörten wir Flugzeuge überfliegen. Einmal, als die Sirene wieder geheult hatte und Luise und Maria schon aus dem Zimmer waren, machte ich das Fenster auf. Ich sah endlos lange, weiße Striche über den Himmel rutschen. Manche kreuzten sich. Ich sah gespannt zu. Ja, da kreuzten sich wieder ein paar Striche, etwas glitzerte, und noch mehr Striche kamen. Und dann fing eine laute Schießerei an. Ich erschrak und raste in den Keller. Die andern fragten: «Wo kommst du denn her?», und ich erzählte, was ich gesehen hatte. Sie fanden das sehr interessant, aber Schwester Anna sagte: «Bitte, kommt doch alle jeweils so schnell wie möglich runter und zieht euch ordentlich an. Stellt euch vor, es passiert was. Und guckt nicht mehr aus den Fenstern. Stellt euch vor, wenn doch ein Lichtstrahl hinausfällt!»

Ganz Deutschland war seit Beginn des Krieges, sobald es Nacht wurde, ein vollkommen dunkles Land. In Dörfern und Städten waren alle Fenster und Türen mit schwarzem Papier verklebt, und wenn irgendein Lichtstrahl durchschien, sagte man es einander. All das wurde getan, um es dem Feind unmöglich zu machen, sich zu orientieren. Keine Straße war aus der Luft zu erkennen. Sicher waren es die Flüsse, welche die Städte verraten haben. Nicht nur Deutschland war verdunkelt, alle andern Länder, die in diesen Krieg verwickelt wurden, waren es auch.

Wenn die Gefahr vorüber war, erklang der hohe Ton der Sirenen. Es war Entwarnung, wir gingen wieder hinauf in die Betten. Keiner hatte Lust auf den

Alarm, und nach einiger Zeit fanden wir es eigentlich Unsinn, jedesmal in den Keller zu gehen.

Aber da geschah das Unvorstellbare. In Düsseldorf war ein Bombe gefallen. Das konnte man sehen. Wir wollten hin und sind mit Schwester Gertrud nach Düsseldorf gefahren. Da standen wir in der Graf-Adolf-Straße in der Nähe des Bahnhofs. Die Fassade eines großen, starken Hauses war vom Dach bis auf die Straße einfach weggerissen. Es lag ein Haufen Schutt vor dem Haus, und man konnte in alle Etagen schauen. Die Decken waren aufgebrochen, es war ein furchterregender Anblick. Das war es also, was passieren konnte.

Auch tagsüber fing es mit dem Fliegeralarm an. Große Schwärme Flugzeuge flogen fast unsichtbar hoch über die Stadt. Auch flogen deutsche Flugzeuge über uns her nach England und — bis Juni 1940 — nach Frankreich. Die ersten Kriegsmonate waren unglaublich. Es glich einem Gesellschaftsspiel, wie viele Bruttoregistertonnen in jeden Nachrichten erwähnt wurden. Das waren dann, mit andern Worten, alliierte Schiffe, die mit Mann und Maus auf den Seeboden versenkt worden waren. Erst in der Nordsee, auf dem Atlantischen Ozean, und nach dem Angriff auf Rußland auch in der Ostsee und halt überall. Auch hagelte es beinah, wenn man den Meldungen glauben wollte, abgeschossene Flugzeuge. Aber die Alliierten flogen weiter und beschossen und bombardierten militärische Ziele. Ab und zu wurde mal eine Bombe verloren, so wie in Düsseldorf, man durfte nicht leichtsinnig werden.

Die Soldaten, die in unserem Haus wohnten, gingen bei jedem Alarm sofort in Stellung, und wenn sie ein Flugzeug gesichtet hatten, wurde wie wild geschossen. In einer Nacht haben sie ein Flugzeug erwischt. Es kam ganz nahe bei unserm Haus runter, auf der Wiese, die zwischen der Schule und der Straße lag. Über dieses Erlebnis fand ich in dem Karton bei meiner Mutter einen Brief, den ich hier abschreibe.

«Liebe Mutti, Deine liebe Karte habe ich erhalten. Vielen Dank dafür. Wir hatten hier zwei aufregende Nächte gehabt. Aber Gott sei Dank ist uns nichts dabei passiert. Vorgestern Nacht wurden wir wieder mal durch das Heulen der Sirenen aus dem Bett in den Keller gejagt. Nach einer Stunde gingen wir wieder rauf, um weiterzuschlafen. Uns dreien war so warm, daß wir uns auf die Fensterbank setzten. Wir sahen in den sternklaren Himmel. Alles war ruhig. Plötzlich hörten wir das Gebrumm eines Flugzeugs. Sogleich blitzten rund um uns herum die Scheinwerfer auf. Auf einmal hatten sie es im Lichtkegel erfaßt. Nach einigem Hin und her gelang es dem Flugzeug aus dem Lichtkegel ins Dunkle zu fliegen. Gerade flog es über unserem Haus, als sie es zum zweiten mal erfaßten. Es flog in etwa 200 Meter Höhe, also sehr niedrig. Es ließ dann zwei lange Schwänze Leuchtkugeln fallen. Ein leises nahes Knattern war zu hören und wir sahen einige Streifen Leuchtspurmunition Richtung Flugzeug aufblitzen. Ein lauter Knall und gerade flog ein großes Flakstück vor unserm Fenster in den Boden. Abermals ein lauter Knall und das Flugzeug war getroffen.

Von allen Seiten spritzte die Munition an das Flugzeug. In der Zeit von wenigen Sekunden legte es sich auf die Seite und stürzte brennend gerade vor unsern Augen ab. Ein dumpfes Dröhnen hörten wir und eine himmelhohe Flamme sahen wir, in der große Stücke des Flugzeugs hochgeschleudert wurden. Es war ein phantastisch grausiges Bild wie die schwarze Nacht durch die hellen lodernden Flammen erleuchtet und durch das Prasseln und Knallen belebt wurde. Draußen wimmelte schon die neugierige Bevölkerung, die dem Unglücksort zueilte. Nach einigen Minuten knallte es fürchterlich, sodaß wir entsetzt in die Betten stürzten, (es war kein Alarm) da war unser Zimmer wieder taghell erleuchtet und wir sahen wieder aus dem Fenster wie hinten eine riesige Fosforbombe explodierte. Das ganze Haus bebte. Entsetzt und vor Angst bibbernd kamen ein paar Schwestern angeflitzt: Kinder, ihr müßt in den Keller. Eine Stunde saßen wir da und als wir wieder raufkamen, war das Feuer gelöscht.

Am nächsten Morgen hörten wir, daß einer der Leute bei der Explosion der Bombe getötet worden ist und einige schwer verletzt. Die Mannschaft aus dem Flugzeug ist getötet worden. Da hab ich gesagt ‹Die armen Engländer›. Da hat eine Schwester ein schreckliches Trara darum gemacht und mich ausgeschimpft. Ich als Deutsches Mädel u.s.w. Dabei bin ich doch Holländer Käse. Ich hab nichts gesagt, sie hat sich auch wieder eingekriegt und ist jetzt ganz nett zu mir . . .»

Als wir am nächsten Morgen auf die Wiese gingen, um zu sehen, was da zu sehen war, stand der vordere Teil des Flugzeugs in der Erde wie ein Pfahl, in der Mitte abgebrochen, auch die Flügel abgebrochen und in der Wiese herumliegend. Die Leichen der Piloten waren zusammengesucht und weggeschafft worden, aber ich habe noch ein Stück Kopf gesehen mit rötlichen Haaren. Unsere Soldaten waren stolz darauf, und wir fanden es grausig und noch mal grausig.

In ihrem Morgengebet dankte Schwester Anna ausführlich für den Ablauf des Geschehenen in der Nacht, was sie sonst nie tat.

Unsere gestrenge Schwester Charlotte konnte auch richtig lieb sein. Wenn wieder ein paarmal in der Woche Fliegeralarm gewesen war und wir von schlechten Nächten müde waren, sagte sie samstags: «Morgen wird im Bett gebetet.» Dann fiel der Gottesdienst aus, wir schliefen wie die Murmeltiere, und sie kam um halb elf in unser Schlafzimmer mit einer Kanne Tee und einem Riesenteller Butterbrote.

In jener Zeit war ich oft so müde, daß es mir wie mit Fäden durch die Glieder zog. Und in der Schule mußten wir feste arbeiten. Schule war eben Schule, und was vorgeschrieben war, wurde von uns verlangt. Ob Krieg war oder nicht, spielte dabei keine Rolle.

Ich war von Anfang 1940, kurz nach dem Tode meines Vaters, bis Juni 1941 auf der Theodor-Fliedner-Schule. Mit «24.6.1941» ist mein letztes Zeugnis von dort datiert. Das war länger als ein Jahr, und ich hatte mich da gut eingelebt. Die Lücken, die sich in meiner Schulbildung befanden, wurden geschlossen, und ich fing richtig an, mich sicher zu fühlen. Mit meiner Versetzung hatte ich die Mittlere Reife erreicht.

Helmut war 1941 fertig mit seiner Schule, und ich freute mich darauf, während der Ferien in Köln zu sein. Es war vielleicht eine Woche vor den Ferien, als uns gesagt wurde — auch das tat Schwester Anna am Tisch —, daß unsere Schule und das Internat geschlossen würden. Zwar war uns versprochen worden, daß wir alle bis zum Abitur bleiben könnten, aber man hatte von oben herab eingegriffen. Wir hörten die Nachricht entgeistert an. Meine Mutter beriet sich mit Luises Vater, und so kam es, daß Luise und ich zusammen nach Bethel bei Bielefeld auf die Sareptaschule übersiedelten.

Aber noch etwas geschah vor diesen Ferien. Helmut hatte sein Abitur und wurde sofort eingezogen.

Diese schreckliche Nachricht bekam ich gleich am Telefon, als ich ihn anrief, um ihm zum Abitur zu gratulieren. «Und weißt du», fragte er, «wer der Amtsarzt ist, der mich untersucht? Das ist der Onkel Doktor, der ist jetzt Stabsarzt.»

Ich war entsetzt, ich wollte nicht. Ich habe nicht mit meiner Mutter drüber gesprochen und hab den Onkel Doktor zu Hause angerufen, abends. Ich hab ihm gesagt, daß es doch schlimm sei, daß der Helmut eingezogen werde, daß er ihn untersuchen müsse und daß der Onkel Doktor mir zuliebe mal so viel Krankes finden solle, daß der Helmut untauglich wäre. «Mein liebes Köttelchen» — so nannte er mich —, «jetzt hör mal zu. Du weißt, daß ich den Helmut gut kenne. Der ist überhaupt nicht krank. Und darum ist er nicht untauglich. Meine eigenen Jungens sind auch nicht krank und auch nicht untauglich.» (Der eine ist gefallen, der andere kam schwer invalide zurück). «Du mußt jetzt einfach stolz darauf sein, daß dein Helmut in den Krieg darf.» — «Aber ich bin überhaupt nicht stolz darauf!!»

Es war nichts zu machen. Das großdeutsche Vaterland hatte auch meinen Helmut nötig. Er zog die Uniform an, und ich hatte einen Feldpostfreund. Feldpost war Post an die Soldaten, man brauchte keine Briefmarken draufzukleben: Gratispost bis Stalingrad und Nordafrika . . .

5
Bethel

Bethel, hebräisch Gottes Haus, war eine Art Krankendorf mit dem Grundgedanken, die Integration von Kranken und Gesunden zu fördern, um so den Kranken ein erträgliches Leben zu bieten. Es lebten dort Geisteskranke und Epileptiker. Es war eine große Gemeinschaft, die sogar eigenes Bethelgeld hatte. Bethel hatte eine normale höhere Schule, die Sareptaschule, und ein Internat für normale Mädchen, von denen ein Teil auf die Sareptaschule ging und der Rest auf andere Schulen in Bielefeld. Luise und ich wohnten im Internat, und wir gingen auf die Sareptaschule. Bethel ist heute viel ausgedehnter als damals, aber der alte Teil liegt noch versteckt in den Bäumen des Teutoburgerwaldes. Unser Haus stand in einem uralten Buchenwald. Man lief unter den hohen Bäumen den Berg hinab und kam an die Straße, wo die andern Gebäude standen: Patmos, wo die Allerkränksten lagen, die ihr Leben im Bett zubringen mußten; das Geschäft, wo man sein Bethelgeld ausgeben konnte; der Gemüsegarten und die Schreinerwerkstatt, wo die Behinderten arbeiteten; und dann die Sareptaschule.

Die Heimleiterin vom Internat war Schwester Margarethe Gerlach. Sie war groß und schlank, und sie trug ihr dunkles Haar in der Mitte gescheitelt. Ihr Alter war schwer zu schätzen, da sie unerwartet herzlich lachen konnte und dann jung und gesund aussah. Sie hatte eine tiefe Stimme und so schwarze Augen, wie man sie nur selten sah. Weil sie ein ernstes Herzleiden hatte, lag sie fast immer im Wohnzimmer auf ihrem Liegestuhl. Sie hatte es gerne, wenn wir ihr die Beine streichelten, ganz sacht von den Knöcheln bis zu den Knien, wir fühlten kleine Verdickungen unter den schwarzen Strümpfen, und wenn die Beine kalt waren, waren ihre Lippen fast blau. Erst wenn es noch schlimmer wurde und sie nicht mehr gut atmen konnte, zog sie sich, von einer von uns oder von einer anderen Schwester gestützt, in ihr Zimmer, gerade über den Gang, zurück. Am liebsten war sie mit uns im Wohnzimmer, aber oft hatte sie in ihrem Zimmer lange Gespräche mit Schwestern anderer Häuser oder mit einem der Pfarrer der evangelischen Kirche.

Alle, auch wir sechs Neuen aus Kaiserswerth, hatten eine bewundernde Sympathie für sie. Im Wohnzimmer rauchte niemand, und wir waren da immer ruhig. Wenn wir rumtollen wollten oder uns laut unterhalten, oder uns gegenseitig die Schularbeiten abhörten, gab es drei große Räume, wo wir niemand störten.

Eines Tages kam ein Beamter der Gemeinde Bielefeld in unser Heim, der mich sprechen wollte. Ich war als Holländerin registriert, das heißt, als Ausländerin, und zwar als feindliche Ausländerin. Ich würde sicher verstehen, daß mir darum keine deutschen Lebensmittelkarten und Kleiderkarten zukämen. Weil ich jedoch «eigentlich deutsch» war und in Köln wohnte und auf eine deutsche Schule ging, wollte man mir die Möglichkeit bieten, jetzt die deutsche Staatsangehörigkeit anzunehmen. Es war ein schwieriger Moment, aber ich wollte Holländerin bleiben wie mein Vater. Ich antwortete dem Beamten, daß ich ihn gut verstehen könne. Von seiner Seite aus hatte er natürlich vollkommen recht. Aber ich wollte dann von meiner Seite aus lieber auf die Lebensmittelkarten und die Textilpunkte verzichten. Der Beamte ging kopfschüttelnd weg und ich lief sofort zu Schwester Margerete. Ich erzählte ihr, was ich gesagt hatte und daß ich von jetzt ab keine Lebensmittelkarten und Punkte mehr bekam. «Findest du das selbst richtig, was du getan hast?» fragte sie mich, und ich sagte: «Ja, ich finde es richtig und ich bedaure es nicht. Aber ihr habt dann jetzt keine Punkte und Lebensmittelkarten mehr für mich.» Da sagte Schwester Margarete zu mir: «Liebe Truusje, du willst Holländerin bleiben, das kann ich sehr gut verstehen. Hier bei uns wird für zweitausend Menschen mit Karten gekocht, hier brauchst du nicht zu verhungern.» So war es wieder mal gut abgelaufen. Ich behielt meinen holländischen Paß und bekam doch zu essen.

Waren wir in Kaiserswerth oft abends an den Rhein gegangen, in Bethel waren wir schon im Wald, wenn wir aus dem Haus gingen. Überall lagen versteckte Gebäude, in denen die Kranken versorgt wurden oder wohnten. Die meisten der Patienten waren Epileptiker, die da in ihren gestreiften Anzügen ihres Weges gingen. Ob die andern auch Angst hatten? Ich weiß es nicht. Ich habe nie mit jemandem darüber gesprochen. Wir hatten mit den Kranken keinerlei Kontakt, doch kannten wir die Gestalten, die da rumliefen, wohl. Die im Garten arbeiteten, sahen wir täglich auf unserm Weg zur Schule. Andere hörten wir nur hinter der hohen Mauer, die ihr Heim umgab. Aus verschiedenen Häusern sahen wir Schwestern kommen, oder wir sahen die Mädchen die großen Töpfe schleppen oder mit dem Küchenwagen fahren. Manchmal lag ein Kranker auf der Straße, zuckend, und dann war ich froh, wenn eine Schwester zu ihm kam.

Es gab auch ein Kino in Bethel. Nachmittags durften wir mit unserem Bethelgeld in die Vorstellung. Auch manche Kranke gingen dahin. Ich weiß noch, es war ein grausiger Film ohne Licht und mit viel Armut, *Der Ruf des Moores.* Es war die Geschichte einer Torfstecherfamilie. Die Kinder wichen vom festen Pfade ab, um den Irrlichtern zu folgen. Während sie im Film jämmerlich untergingen, bekam ein Kranker neben mir einen Anfall. Alles war traurig und gruselig.

Meine Mutter und ich sahen uns nicht mehr oft. Die Bomber kamen immer häufiger und bombardierten auch andere als militärische Ziele. Die ganze Energie des deutschen Volkes war auf die Rüstung gerichtet. Durchs Radio kam noch immer eine Siegesmeldung nach der anderen. Freitag nachmittags hielt der Propagandaminister Joseph Goebbels seine aufpeitschenden Reden, die dem Volk einhämmerten, es sei eine Freude, seine Söhne zu opfern, zu hungern, seine Städte zu opfern und noch viel mehr. Auch wenn wir diese Reden fast öffentlich «Klumpfüßchens Märchenstunde» nannten, änderte es nichts an der schrecklichen Lage, in die Deutschland jeden Tag tiefer hinein geriet.

In der neuen Schule ging es nicht mehr so gut mit mir. Alles war anders, die Klassen waren voll und die Lehrer waren keine Diakonissen wie in Kaiserswerth. Man hatte nicht das Vertrauen, daß man ruhig und richtig sagen konnte was man meinte, vor allem, was das tägliche Leben anbetraf. «O Willems, du Faultier, du müßtest sitzenbleiben, aber was würde dann aus mir?» seufzte Luise, mit der ich immer noch zusammen Schularbeiten machte. Sie war vielleicht etwas besser als ich, aber ohne einander wären wir beide gestrandet. Und das wußten wir. Wir brauchten uns während der Stunde nichts vorzusagen, denn wenn ich in der Klasse dran war und nichts wußte, sagte ich was, und das war gerade das, was Luise dachte. Und meistens war's gut. So ging es auch mit ihr. Für die Aufsätze in der Klasse hatten wir eine Fensterbank im Gang. Da sind wir niemals reingefallen. Wir bekamen immer drei Themen. Dann machte ich zuerst für Luise eine Gliederung, ging zur Toilette und legte das Papier auf die Fensterbank. Danach setzte ich mich an meinen Aufsatz. Und oft war ihrer besser als meiner. Es war eine Glatteissituation, aber es ging.

Im Schlafsaal war ein Mädchen, das fanatisch war. Laut und ausführlich lernte es die Biologie auswendig und alle unheimlichen Nazigesetze, die mit der Rassenlehre zusammenhingen: das Impfschutzgesetz, das

Erbschaftsgesetz, das Rassengesetz, das Sterilisationsgesetz und das Euthanasiegesetz, das die Vernichtung all jener vorschrieb, welche als minderwertig betrachtet wurden. Sie hatte sich total in den Stoff verbohrt.

Die langen Gespräche, die Schwester Margarethe auf ihrem Zimmer mit Geistlichen und andern Schwestern führte, drehten sich sicherlich um die Konsequenzen dieser Gesetze. Bethel war Ende des vorigen Jahrhunderts von Pfarrer von Bodelschwingh gestiftet worden, um Gehirngeschädigte, Schwachsinnige und Obdachlose zu versorgen. Hier wurden alle versorgt, jeder der lebte und solange er lebte. Es waren in den verschiedenen Häusern unvorstellbar kranke Geschöpfe, aber sie wurden gepflegt.

Bethel war eine vorbildliche Anstalt, die bis ins Ausland berühmt war. Aber Hitler hatte Krankenhäuser nötig und gute Schwestern für die Verwundeten, die dieser verdammte Krieg auch noch lieferte. Also machte man im allgemeinen kurzen Prozeß. Man hörte, daß aus andern Anstalten Kranke abtransportiert wurden. Die wurden registriert, und weg waren sie. Die Häuser samt Personal wurden sofort als Lazarette gefordert. Wir konnten es uns nicht richtig vorstellen. Manches, was man hört, kann man nicht verstehen, nicht weil die Wörter zu schwierig sind, sondern weil das, was die Wörter bedeuten, so unmöglich ist, daß man es nicht verstehen kann.

Es war an einem Nachmittag im Jahre 1942, als ich zum Zahnarzt ging. Da sah ich drei große Überfallautos aus Bethel kommen, Richtung Bielefeld. Sie waren alle drei leer. Sie fuhren schnell, und solche fuhren da sonst nie, es war mehr ein Weg als eine Straße. Im Heim wurde uns gesagt, was da geschehen war.

Man hatte die Kranken abholen wollen, die sehr Kranken, die in Patmos lagen. Der Transport war angekündigt, so wie es eben Brauch war beim Abtransport der Geisteskranken im allgemeinen. Aber die, die in den Autos waren, fanden eine verschlossene Türe. Als sie Gewalt anwenden wollten, um doch zu den Kranken zu gelangen, stellte sich Pfarrer von Bodelschwingh mit ausgebreiteten Armen in die Türe und rief: «Der Weg in dieses Haus führt nur über meine Leiche.» Das haben die in dem Moment doch respektiert und ihn nicht einfach weggeschleift.

Die Haltung, die man in einem solchen Moment zeigen mußte, war sicher im Zimmer von Schwester Margarethe lang und breit überlegt worden. Man war gut vorbereitet. Man mußte «nur» den Mut haben, die Drohung der Nazis rechtzeitig zu erkennen. Den Mut hat die Bethelgemeinschaft gehabt.

Am Tisch saß ich neben einem Mädchen, das ich nicht kannte und das nicht in meine Schule ging. Sie hieß Hedi, und sie hatte noch eine ältere Schwester, Erika. Die beiden schliefen im Schlafsaal. Erika war selbstbewußt und wollte Apothekerin werden. Der Vater war Arzt, und die Familie wohnte nicht weit von Bielefeld. Hedi und ich freundeten uns an, und bald lernte ich das schöne Haus im Garten kennen und auch Daktylus, den braunen Dackel. Die Mutter von Hedi und Erika war Halbjüdin, die Mädchen waren also Vierteljüdinnen. Dies war ein viel größeres

Problem als das meine: Holländerin ohne Lebensmittelkarten. Erika hat sich mit ihrem Lebenswillen einfach darüber hinweggesetzt. Ich habe nie gemerkt, daß sie darunter litt. Aber die arme Hedi war durch diesen Quatsch über Rassenschande und nicht vollwertiges deutsches Blut so verstört, als würde sie beschuldigt, eine schlimme ansteckende Krankheit zu haben.

Wenn Hedi traurig war und abwesend, Löcher in die Luft starrte, konnte Erika ihre kleine Schwester nicht erreichen. Ich faßte sie dann an, ihre Schulter, ihre Wange, hielt ihr die Hand vor die Augen, und dann fuhr sie zusammen und sagte: «Ach Strunzelchen, du bist lieb.»

Hedi war ein besonders begabtes Mädchen. Sie konnte ohne Mühe springende Figuren zeichnen, Blätter voll. Keine Karikaturen, sondern hüpfende Kinder, Frauen mit Einkaufstaschen, marschierende Männer. Sie zeichnete ihre Hände, meine Hände, ihr Gesicht, mein Gesicht. In der Schule war sie sehr gut und hatte Klavier- und Orgelunterricht. Zum Glück für uns war sie nicht im BDM, so hatten wir immer am Wochenende frei. Wenn es viel Schularbeiten gab, kam die Luise dann jeweils mit einem Arm voll BDM-Blusen herein und sagte: «Willems, du Faultier, bitte bügle die Blusen.» Ich wußte wie's gemeint war und tat es gerne.

Hedi hatte zu Hause die *Galgenlieder* von Christian Morgenstern, das war so was ganz anderes als alles, was wir auf der Schule und in der Kirche hatten. Wir tanzten danach durch den Garten, und der Daktylus wußte nicht, wohin er springen sollte, wenn wir so wild waren. Hedi war gelenkig wie ein Schlangenmensch.

Bei dem typischen Morgensterngedicht, wo die Hausfrau zur Magd spricht: «Halt's Maul! . . . und geh an deinen Dienst, Zä-zi-li-e!», war sie so pur komisch, daß ich es nie vergessen kann. Wir waren davon überzeugt, daß ein solcher Dichter wie Morgenstern verboten war. Das war aber nicht der Fall, denn später fiel mir sogar eine Feldpostausgabe vom *Palmström* aus dem Jahr 1942 in die Hände.

Hedi hatte Gefühl für Worte. Sie konnte einen Flamingotanz tanzen auf das Wort Flamingo. Dann war sie leicht und beweglich und stellte sich nicht an, sie war eben ein zierlicher Vogel. Und nicht traurig. Manchmal deklamierte sie auch *So laßt uns denn*, eine Parodie aller Reden, die über uns ergingen. Der Unsinn war drin, aber die letzte Zeile war ganz anders:

So laßt uns denn
die wir hier
wo wir hier
was wir hier
oder hat sonst noch einer?
na, 's wird ja keiner
DIE Fahne der Gerechtigkeit
hochhalten
mit der Spitze nach unten
auf daß
niemand verletzet werde.

Die großen, dunklen Augen von Hedi, die alles sahen, alles fühlten, die lachen konnten wenn sie fröhlich war, waren oft verstört und traurig. Hedi war zu empfindlich für die Rolle, die ihr das Schicksal im Dritten Reich auferlegt hatte. «Strunzelchen, du bist mein Seelenklo, ich kann es nicht vertragen, wie die Bédéèmse über mich herzieht.» Die Bédéèmse pries mal wieder in allen Tonarten die Vorzüge der nordischen Erbmasse. Sie verkündete, wie der wertvollste Teil der nordischen Erbmasse vermehrt wurde. Das geschah an den Sonnwendfeiern. Die prachtvollsten Exemplare der Leibstandarte Adolf Hilter — eines Elitekorps — wurden mit den schönsten BDM-Führerinnen zu den Festen auserwählt. Irgendwo unter einer uralten Eiche wurde die Sonnwendfeier veranstaltet mit einem Sonnwendfeuer, und es fanden sich Paare. Diese Paare sprangen Hand in Hand durch die lodernden Flammen und durften dann ein Kind zeugen. Wenn die Mädchen schwanger waren, wurden sie in ein Heim für Schwangere aufgenommen. So sollten dann — so hieß es — die herrlichsten blonden und blauäugigen Babies entstehen. Die Babies verfielen dem Staat. Die Mütter hatten dem Führer ein Kind geschenkt und hatten mit dem Kind weiter nichts zu tun. Wir fanden das eine widerwärtige Enormität.

Mit Hedi hatte ich eine innige Gefühlsbeziehung. Mit Luise war es so, daß wir in der Schule «voneinander wußten», das war eine praktische Sache, schon ein wenig mysteriös, aber es war ein Gut-einander-Kennen und ein festes Zusammenhalten.

Mit Hedi war das ganz was anderes. Als ich nach Bethel kam, kannte ich sie nicht. Auch wußte ich erst nicht, daß die nette Erika, die freundlich und selbstsicher war, die Schwester war von dem wundersamen Mädchen Hedi. Wir hatten am langen Tisch keine festen Plätze, und ich war einfach vergnügt, wenn sie neben mir saß. Sie hatte hübsche Kleider, aber das war nicht so wichtig. Sie war für mich einfach sehr anziehend. An einen Moment, oder ein Bild, erinnere ich mich haarscharf. Wir saßen am Tisch und aßen Suppe. Sie saß neben mir und hatte ein kornblumenblaues Mieder an mit dazu passendem Rock aus demselben Stoff und eine blau-weiß gemusterte Bluse mit großen Puffärmeln. Und dann ihr Gesicht. Es war ein noch kindliches Gesicht, umgeben von dunklem Pony und langem Haar bis auf die Schultern, nach innen gekämmt. Das Haar saß immer gut. Ihr Teint war blaß, aber ab und zu hatte sie ein bißchen Farbe. Nie so wie ich eine rote Sonnenbrandnase, aber ein bißchen getönt. Als ich beim Suppenessen nach ihr schaute, schien die Sonne in ihr Gesicht und alles war sehr lebendig. Nicht lebhaft; das war sie nur selten und sicher nicht am Tisch. Aber irgendwie so, daß ich es sehr lebendig nennen möchte. Ich schlief in der Zeit noch im Zimmer mit Luise und sie im großen Schlafsaal.

Nachmittags machten wir in verschiedenen Zimmern, wo wir jede unser eigenes Pult hatten, Schularbeiten. Es war ein Tag, an dem nichts Besonderes vorgefallen war. Und doch war ich da an meinem Pult unkonzentriert, ängstlich und fast in Panik. Ich stand auf, schaute nach ihrem Pult im andern Zimmer, sie saß nicht da, und ich fühlte was Schlimmes. Oben war sie auch nicht. Sie hätte weg sein können, denn wir durften ruhig tagsüber weg, wenn wir fertig waren mit der Arbeit. Sie hätte zum Orgelspielen sein können, es war kein Grund zur Angst, aber ich hatte ein furchtbar beklemmendes Gefühl. Ich sah Schwester Hildegard auf dem Gang und sagte: «Die Hedi ist weg.»

Ich muß es so gesagt haben, daß sie die Gefahr sofort spürte. «Wo ist sie denn?» — «Ich weiß es nicht.» Sie ging mit mir rauf, wir riefen, Hildegard sah in alle Zimmer. Kein Laut und keine Hedi, bis wir merkten, daß die Badezimmertüre zu war. Schwester Hildegard hatte an ihrem Schlüsselbund einen Schlüssel mit viereckigem Loch, mit dem sie das Badezimmer aufmachte. Da lag die Hedi im Wasser, ihre Kleider lagen ordentlich über dem Schemel neben der Badewanne, ihr Arm hing aus der Wanne und da war ein bißchen Blut auf dem Fußboden. Hedi wollte erst nicht reagieren, vielleicht dachte sie, daß sie schon tot war. Hildegard hat sie auf ihr Bett gelegt, ich war stumm vor Schreck. Ich habe Schwester Margarethe raufgeholt, und die hat mit der Hedi gesprochen. Was damals der direkte Anlaß war, weiß ich nicht, das macht auch nichts, es war doch immer wieder dasselbe. Alles wurde schnell weggeräumt, und ich glaube nicht, daß die andern etwas bemerkt hatten.

Am nächsten Tag ließ Schwester Margarethe die Hedi und mich in ihr Zimmer kommen. «Hedi, ich glaube, du schläfst nicht gut im Schlafsaal. Möchtest du nicht mit Truusje im Kämmerchen schlafen?» Das war besonders lieb von ihr. Sie fühlte die elenden Ängste und den Verdruß von Hedi. Wir waren von dieser Idee begeistert, auch wenn es mir ein bißchen leid tat, die andern, vor allem Luise, zu verlassen. Ob sie es verstanden haben? Jedenfalls hab ich keine Sekunde gezögert, und gemeinsam haben Hedi und ich unser Kämmerchen eingeräumt. Hedi und ich waren jetzt viel zusammen. Nachmittags gingen wir in die Zionskirche, wo sie Orgel übte. Sie spielte endlose Bach-Fugen, ich blätterte um und trampelte auch manchmal mit auf den Pedalen. Sie spielte auch Klavier, so gut, daß ich es einfach nicht mehr tat. Es war nicht so, daß die Hedi nicht wollte, daß ich spielte, ich wollte nicht.

In den Internaten war es uns Mädchen natürlich verboten, zusammen ins Bett zu gehen. Es ließ sich aber manchmal nicht vermeiden. Zum Beispiel wenn wir abends noch zusammen redeten über ich weiß nicht was, in dem Alter hat man doch viel miteinander zu reden, und so war man in einem falschen Zimmer hängengeblieben. Wenn's dann spät war und der Abenddienst kam gute Nacht sagen, mußte man schließlich in das Bett krabbeln, auf dem man saß und quasselte. Und dann schnell aufs Klo und von da aus ins eigene Bett.

Ich ahnte wohl, warum uns das verboten war, aber so viel ich weiß, ist zwischen uns Mädchen nie etwas geschehen. Wohl war da die hübsche Claudia, die vor dem kleinen Spiegel stand und versuchte, sich selbst stückweise zu sehen. Nachher kletterte sie aus dem Fenster zum nächtlichen Rendezvous mit einem Arzt nebenan. Wir schauten dem Ganzen zu, aber wir sprachen nicht darüber. Es war schon außerordentlich gewagt, wenn wir die Claudia ein «apartes» Mädchen nannten. Andere Mädchen — wir waren ja siebzehn, achtzehn Jahre alt — hatten Freunde in der Gegend.

Als wir ins kleine Zimmerchen zogen, sagte Schwester Margarethe zu mir: Truusje, die Hedi ist nicht gerne alleine. Manchmal. Das weißt du ja. Wenn das so ist, wenn du denkst, daß du ihr helfen kannst, darfst du zu ihr, wenn du willst und wenn sie will. Du kannst es mir ja sagen am andern Tag.» Ich konnte es Hedi ansehen, denn dann waren die großen, klaren Augen nicht groß und klar und nicht schnell. Manchmal wurde es wieder gut beim Orgelspielen, manchmal aber schlief sie wild, und ich wurde wach von Angstgeräuschen. Dann rief ich sie oder ich knurrte was, denn ich schlief wie ein Bär. Wenn das nicht half, stand ich auf und faßte ihr Gesicht an. Oder machte sie wach. Wenn sie weinte oder entsetzt um sich schaute, schlüpfte ich zu ihr und wir schliefen zusammen ein. Wenn ich dann in mein Bett zurückwollte, hielt sie mich fest und rutschte gegen die Wand, um nur Platz genug für mich in ihrem Bettchen zu machen.

Im November 1942, es war kalt und naß und matschig, wurde ich krank. Ich kam in ein kleines Krankenhaus, hundert Schritte von unserm Internat entfernt. Ich schlief viel, und nach ein paar Tagen durfte ich wieder auf einem Stuhl sitzen und umhergehen. Da fühte ich wieder diese beklemmende Angst. Die Angst, die nicht aufhörte, die sich nicht auf etwas Bestimmtes richtete, nein, einfach Angst. Es war schon Abend, da habe ich das Internat angerufen. Ich wollte Hedi sprechen. Sie wurde gerufen, aber sie kam nicht.

«Geh nur ins Bett», sagte Schwester Hildegard, «wenn sie kommt, wird sie dich anrufen.» Später wurde angerufen, man ließ mir sagen, die Hedi schlafe, alles sei in Ordnung, und gute Nacht.

Am nächsten Morgen kam Schwester Hildegard und erzählte mir, daß sie die Hedi nach meinem Anruf gesucht und sie auf der Toilette mit einem Strick gefunden habe. Alles war nochmal gut gegangen.

Da war die Angst vorbei, und als ich wieder ins Internat zurückkam, waren wir wieder fröhlich, als ob nichts geschehen wäre.

In der Schule ging alles soweit gut. Luise und ich wurden in die nächste Klasse versetzt. Aber genau wie in Kaiserswerth wurde auch hier von oben herab ein Strich durch die Rechnung gemacht. Es wurde uns offiziell mitgeteilt: Unsere Klasse sollte erst eine Zeitlang in einer Munitionsfabrik eingesetzt werden. Das war mir aber unmöglich. Ich konnte doch keine Granaten gegen Holland machen. Das hatte ich zum Glück sofort eingesehen. Lebensmittelkarten hatte ich sowieso nicht mehr, also gab es für mich nur noch einen Ausweg. Schwester Margarethe hat mir dabei geholfen: Ich wurde Krankenschwester in Bethel.

Schwester Margarethe übergab mich persönlich dem Mutterhaus. Schon bald arbeitete ich als Lernschwester auf der Lazarettabteilung im Hause Gilead. Diese Abteilung kannte ich noch von einem Bunten Abend her, den wir vom Internat da zur Erbauung der kranken Soldaten gegeben hatten. Mit Pyramus und Thisbe, mit allerlei Unsinnliedern und mit verschiedenen Sketches. Meine Glanznummer war die Geschichte von Marki dem Floh. Ich kannte diesen Sketch noch aus meiner Kinderzeit, und ihn hier vorführen zu dürfen machte mir einen Riesenspaß. Ich trug einen langen, blauglänzenden Morgenrock und hatte mir aus einem Frottiertuch einen gewaltigen Turban gedreht. So war ich ein Zauberer aus dem Morgenland.

Feierlich ließ ich meinen Floh Marki hin und her springen und Künste machen. Ich ließ ihn ins lachende Publikum springen und rief ihn zurück und er kam. Plötzlich war er weg. Ich rief und suchte ihn überall. Schließlich fand ich ihn bei jemand im Publikum, aber das war nicht mein Marki, es war ein fremder Floh. Es war eine dolle Erfolgsnummer. Viel später habe ich Charly Chaplin in seinem Film *Limelight* mit diesem Sketch gesehen.

Auf unserer Abteilung hatten wir viele Patienten. Sechs Doppelzimmer für Offiziere und das kleine Zimmer mit den Besonderen. Da lagen kriegsgefangene Franzosen, die, weil sie Feinde waren, mit den andern und dem deutschen Personal nicht sprechen durften. Oder nur im Notfall. Obwohl mein Französisch keineswegs einwandfrei war, sprach ich mit ihnen, und es gab niemand, der es mir verbot. Da war noch der Saal mit vielleicht zwanzig Betten und noch ein kleines Zimmer mit sechs schweren Fällen. Dann die Badezimmer, das Verbandzimmer und die Nottreppe und unsere Teeküche, von der aus wir Tee und Essen verteilten.

Ab und zu hatte ich mal einen Mittag frei. Ich saß

in der Straßenbahn. Die war ziemlich voll. Da stieg eine alte Dame ein mit einem Judenstern auf ihrem Mantel. Ich stand auf und bot ihr meinen Platz an. Da wurde das Volk bissig. «So einem Judenweib seinen Platz anbieten, das ist ja saudumm.» Ich sagte: «Es ist eine alte Dame und ich bin Krankenschwester.» Niemand sagte noch was. In solchen Momenten war es mir wohl in meiner Tracht, denn außerhalb von Bethel lag die Aggression überall auf der Lauer. Und unverhüllt.

Beim Baden der Patienten half uns der Sani. Das war der Sanitäter, der immer wieder neue Transporte mit Verwundeten, so aus der Kampflinie aufgehoben, bei uns einlieferte. Er war stark und geschickt, und ihm drehte sich nicht andauernd der Magen um, wenn im Badewasser die Notverbände aufweichten. Nein, was das betrifft, war ich keine Heldin, und das kam nicht nur durch mein Alter.

Beim Bettenbauen sprach ich oft mit den Soldaten im Saal. Woher sie kamen, wo sie verwundet worden waren. Manche sprachen einen so ausgeprägten Dialekt, daß keiner sie verstand. Und doch waren es deutsche Soldaten. Aus Ostpreußen und Pommern, aus Bayern und von der Waterkant — ich fand es spannend, sie zu verstehen. Und meistens konnte ich sie auch verstehen. Die Oberschwester, Schwester Riekchen, war darüber froh, denn sie hatte natürlich keine Zeit, sich mit den Dialekten zu befassen, und doch wollte sie gerne Kontakt mit den Jungs haben. So ging sie jeden Abend die Betten entlang und sagte zu jedem etwas Nettes. Sie wußte, daß die Nächte im Saal nicht einfach waren mit all den Schmerzen, die gelitten wurden, über die aber nicht geklagt wurde.

Am Anfang muß ich sehr unsicher gewesen sein auf dieser Abteilung, sonst hätte mich ein kleines Ereignis nicht so mitgenommen. Es war da ein junger Soldat, der hochdeutsch sprach. Er war neunzehn Jahre alt und außerordentlich traurig. Seine Verwundung war nicht direkt gefährlich, aber langwierig. Sein linker Arm hing, weil er einen Schulterschuß hatte, verbunden in einem Gestell, das über seinem Bett festgebunden war. Das linke Bein war in einem Streckverband. So lag er schon lange. Sein Vater war Apotheker in einem Dorf in der Eifel. Der Ort gehörte zum Bezirk meiner Mutter. «Dann muß dein Vater meine Mutti kennen, denn er wohnt ja in ihrem Bezirk.» Ja, das stimmte, und er hatte meine Mutter sogar einmal gesehen, als er noch zu Hause wohnte und in die Schule ging. Dieses kleine Erlebnis hat mich schrecklich aufgeregt, denn da war auf einmal ein Bezug zwischen der Welt, in der ich als Schwester Gertrud herumlief, und der Welt, in der ich die Tochter meiner Mutter war. Dieser Junge lag schon lange da, und ich fragte ihn, ob er bei dem Bunten Abend vom Internat dabeigewesen war. Ja, und noch verschiedene andere im Saal hatten uns damals auch gesehen. Sie wußten nicht, daß ich dabei mitgemacht hatte. Und plötzlich habe ich meinen Marki springen lassen. Alle lachten über die verrückte Schwester, die da in der Tracht mit Haube und langem Kleid eine Kabarettnummer auf die Bühne legte.

In einem andern Bett im Saal lag ein großer, starker Mann mit hellblauen Augen und dunklem Haar. Er lag wegen seiner Operation auf dem Bauch. Er hatte seinen Verstand verloren. Das kam, weil er Sturzkampfflieger war. Die mußten in England Bomben abwerfen. Aus wahnsinniger Höhe stürzten sich die Flugzeuge in die Tiefe, ließen Bomben fallen und stiegen mit großer Schnelligkeit wieder auf. Dieses Fallen und Aufsteigen war schon schlecht für einen Menschenkörper, bei ihm hatte es allerlei Blutungen verursacht, aber als er einmal im Krankenhausbett darüber nachdachte, was er getan und, daß er Bomben auf bewohntes Land geworfen hatte, hatte er durchgedreht. So eine Haltung konnte ihm als Landesverrat angerechnet werden, und er konnte seine Lage noch soweit übersehen, daß er verstand, was er noch vor sich hatte, und seine Angst vor allem war groß. Schwester Riekchen sprach mit ihm, aber helfen konnte sie ihm nicht.

Ein anderer Soldat hatte eine lange Wunde am Bein. Die Wunde war oberflächlich, aber sie heilte nicht. Der Mann meinte, daß der Endsieg nahe war, und tat sich nach dem Verbandwechsel wieder ein Haar in die Wunde. Er hoffte, daß diese List ihn vor dem Wiedereinsatz — auch so ein Wort — schützen würde. Aber leider war es erst 1942.

Im Zimmer der vier Franzosen stand auf einmal ein fünftes Bett. In dem Bett lag ein deutscher Soldat mit großen Verbänden um seine beiden Handgelenke. Schwester Riekchen sagte uns, daß wir offiziell nicht mit ihm sprechen dürften, weil er Landesverrat, nämlich Selbstmordversuch, auf dem Gewissen hatte. Dieses Zimmer hatte zum Gang und zum Garten Fenster. Vor unserm eigenen Krankenhauspersonal brauchten wir keine Angst zu haben, nur vor den Offizieren, die ab und zu die Verwundeten besuchten. Aber die konnten wir von allen Seiten kommen sehen. Wenn ich mich richtig erinnere, hatte der Patient mit jemand Streit gehabt um ein bißchen Tabak. Da hat ihn plötzlich das Leben als kämpfender und herumschießender Soldat so angekotzt, daß er ein Messer packte und sich seine Schlagadern durchsäbelte. Er wurde gefunden, bevor er tot war. Bei uns wurde alles getan, um ihn wieder auf die Beine zu kriegen, denn ein erwachsener Soldat war ein kostbarer Besitz der Wehrmacht. Sollte er wieder gesund werden, und das wußten wir alle, würde er zum Tode verurteilt, weil er Landesverrat verübt hatte. Er konnte dann wählen, ob er erschossen werden wollte oder an einer besonders gefährlichen Expedition teilnehmen, bei der er beinahe sicher umkommen würde. Wenn er das aber überlebte, war er von weiterer Strafe frei.

Zwischen all diesen unerfreulichen Dingen geschah plötzlich etwas ganz anderes. Bei der morgendlichen Arbeitseinteilung wurde mir aufgetragen, die Narkosewache bei einem Offizier zu halten. «Du setzt dich ins Zimmer, und wenn er unruhig wird, versuchst du ihn ruhig zu halten, wenn er aus dem Bett springt, dann schellst du und rufst uns.»

Der Patient lag im Zimmer zusammen mit einem älteren Hauptmann. Er war Oberleutnant, jung und sehr groß. Er hatte eine Blinddarmoperation. Er lag wie tot im Bett, und ich saß mit dem Rücken zum Fenster, plauderte mit dem Herrn Hauptmann und zupfte Tupfer für die Sterilisationstrommel. Da seufzte mein Patient. Aber er lag ganz ruhig. Er bewegte seinen Kopf und seufzte noch ein paarmal. Und schlief wieder ein. Dann blinzelte er in meine Richtung: Uh. Ich hielt ihm die Schale hin. Als er fertig war, knurrte er: «Zwei Schwestern an meinem Bett?» Und wieder schlief er. «Zwei Schwestern sind da.» Langsam kam er zu sich. Ein feuchtes Tuch und «Alles ist gut gegangen, bleiben Sie nur ganz ruhig liegen». Ich blieb noch eben sitzen mit meinen Tupfern, da ging die Türe auf und eine elegante Dame kam herein. «Rudolf, ist alles gut?» — «Mutter!» Da der Patient nun wach war, bot ich ihr meinen Stuhl an und ging mit meinen Tupfern raus. Rudolf war aus Bielefeld, hatte irgendwo einen Lungenschuß abgekriegt, lag in einem Krankenhaus in Bethel, bekam plötzlich diesen Blinddarm und wurde so zu uns überwiesen.

Ich war verliebt wie noch nie, und das war gar nicht so einfach.

Ich wollte ihn nur sehen. Immer lief ich in das Zimmer. War das Fenster auf oder zu? Ich dachte, daß Sie geschellt hatten. Liegen die Kissen richtig? Der Herr Hauptmann hatte es eher gemerkt als ich, aber der hatte seinen Spaß dran. Das Gesicht. Die Nase, darüber zwei lange Falten, die fast bis zum Haar gingen. Die lustigen Augen. Und dann, als er nach ein paar Tagen auf den Beinen war, die Länge. Morgens kam ich ein paar Minuten vor der Andacht und huschte in sein Zimmer. Es war nicht passend, aber ich war verliebt und er mochte mich gern. Seine Mutter kam oft und war immer sehr freundlich zu mir. Und Freundlichkeit war etwas, was es in der Zeit eigentlich nicht mehr gab. Es war ein Luxus, etwas aus einer anderen Welt. Nicht, daß die Leute um mich unfreundlich gewesen wären, das nicht, aber diese selbstverständliche Freundlichkeit stand im Widerspruch zu der ernsten Jagd und den viel zu schweren Aufgaben, die wir alle hatten, auch Schwester Riekchen.

Als Rudolf wieder aufstehen durfte, begleitete ich ihn über den Gang bei den ersten Gehversuchen. Er ist mir nicht ausgerutscht. Als es ihm besser ging, wurde er leider entlassen. Seine Mutter holte ihn ab und fragte mich, ob ich nicht mal zu ihnen käme zum Abendessen. Das habe ich getan. Ich machte mir einen Abend frei, denn so viele Tage war ich nicht ausgegangen, an denen ich frei gehabt hätte, wenn nicht ewig so viel zuviel zu tun gewesen wäre. Ich fuhr in meiner Tracht und nahm meine alte Schultasche mit.

Die Villa lag in einem Park, und ich wurde freundlich empfangen. Der Tisch war schon gedeckt. Ich hatte den Mut, zu fragen, ob ich mich eben umziehen dürfte. Und im Badezimmer hängte ich die Pelerine, das Kleid, die Haube und den Kragen an einen Haken und rollte mein graublaues Wollkleid aus der Tasche, mit rotem Kragen, mit einer roten Quaste, mit roten Manschetten und hinten einem roten Reißverschluß. Aus dem Knoten machte ich einen Pferdeschwanz. Rudolf und seine Mutter waren erstaunt.

Es war ein reiches Haus, aber gemütlich. Mit guten

Lampen, mit bequemen Möbeln und mit schönen Bildern an der Wand. Rudolf hatte Urlaub, um ein bißchen stark zu werden für den Krieg. Es klingt absurd, ich sehe es selber, aber so war es. Es war Ende des Sommers. Er war zehn Jahre älter als ich.

Abends bin ich mit der letzten Straßenbahn bis vor mein Haus gefahren. Auf blauem Briefpapier bekam ich Briefe von ihm in seiner steilen, großen, spitzen Handschrift. Und zu meiner freudigen Überraschung eines Tages einen Brief aus dem Krankenhaus Samaria, unserm Haus gegenüber, wo er plötzlich wieder lag. Da hatte sich doch noch was geregt mit dem Lungenschuß, und er wurde wieder aufgenommen. Fein war das, denn alles war besser als die Front. Er durfte aufstehen, er durfte spazierengehen, und so zogen wir, wenn ich zwei Stündchen oder mehr frei hatte, los durch den herbstlichen Teutoburgerwald. Bis zum Grat war es ein paar Minuten zu gehen, und von da aus sah man auf der einen Seite Bethel in seinem Wald versteckt liegen, auf der anderen Seite die Stadt Bielefeld. In meiner Erinnerung ist immer herrliches Wetter. Wir liefen, aßen Himbeeren und später noch Brombeeren, wir saßen auf Bänken oder auf dem Moos. Er nannte mich nicht Gertrud und er fragte mich: «Truusje, woran denkst du jetzt?» Und ich antwortete ehrlich: «An gar nichts.» Er fand das erstaunlich.

Meine Briefe und Zettel an ihn unterschrieb ich mit «Dein Truusje». Truusje ist eine Verkleinerung und darum eigentlich sächlich. Aber er sagte: «Du bist doch ein frauliches Wesen, warum dann nicht ‹Deine› ?» Seitdem schrieb ich «Deine», aber wenn ich jetzt

Briefe bekomme von Freundinnen aus meiner Kinderzeit, ist es wieder «Liebes Truusje».

Da oben im einsamen Teutoburgerwald hat er versucht, mich zu küssen. Ich war ungeschickt und vielleicht etwas abweisend, ich hab ihm gesagt, daß mich noch keiner geküßt hatte. Die kleinen Küßchen von meinem Schulfreund Helmut auf meine Wangen waren zwar zärtlich, aber doch keine Küsse so wie ein erwachsener Mann küßt. Und er hat mich geküßt, richtig geküßt, und ich hätte nicht mehr gewußt was ich tat, wenn er nicht gewußt hätte was er tat. Er wußte es zu meinem Glück sehr gut, er hat mich geküßt und gestreichelt, wie man einen Papagei streichelt, und für mich waren es herrliche Spaziergänge, und wir mochten uns sehr gerne. Verschiedene Male waren wir noch im Haus seiner Eltern. Seine Mutter mochte mich auch. Sein Vater war wahrscheinlich eingezogen, denn den habe ich nie gesehen und auch nicht nach ihm gefragt.

Wie es weiterging, weiß ich nicht. Sicherlich wurde er doch wieder eingezogen und ich werde Feldpostbriefe bekommen haben. Alle Soldaten konnten Feldpost schreiben an all ihre Lieben, und die Feldpost wurde gewissenhaft gratis besorgt, von Narvik, aus Afrika, dem besetzten Westen bis ins kleinste Dorf der Heimat.

Zwischen einer neuen Gruppe Verwundeter, die zu uns kamen, direkt von der Front, war unser Sani. Er hatte beim Auflesen der Verwundeten einen Granatsplitter abgekriegt, eine Wunde, die erst nicht so schlimm aussah. Aber weder wir noch Gott konnten ihm helfen. Er ist bei uns gestorben.

6
Hagen

In Hagen kam ich in ein Krankenhaus mit Schwestern aus dem Mutterhaus Bethel. Es gab einen Kursus von drei Jahren, in dem man das Krankenschwesterdiplom machen konnte. Unterdessen war man als Schwesternschülerin beschäftigt. Mittwoch nachmittag hatten wir Kursus, ein paar Stunden, mit verschiedenen Ärzten, die uns Unterricht gaben. Auch hatten wir viel zu lernen. Bei unserm ewigen Schlafmangel, zuviel Arbeit und zuviel Fliegeralarm war die Ausbildung keine Kleinigkeit. Außerdem wurde das Essen sehr eintönig. Eintopf. Kartoffeln mit Kraut oder Möhren, oder Hülsenfrüchte, die Würste und das Fleisch mußten wir uns dazudenken, wie wir sagten. Ich erinnere mich, daß wir während des Bettenmachens frühstückten; so vom großen Teller, der im Saal für uns stand, nahmen wir ein Stück Brot und aßen es im Laufen oder Stehen auf. Zur Tasse Tee oder Muckefuck gingen wir in die Teeküche.

Das Krankenhaus war ein ziemlich großer Komplex von finsteren altmodischen Gebäuden mit sehr hohen Decken, vielen zugigen Fenstern, endlosen Gängen, weitläufig, unpraktisch, unübersichtlich, ungemütlich und dazu alle Betten voll.

Da war zunächst das Schwesternhaus mit Zimmern, zu dritt oder zu viert, ein Zimmer extra für die Nachtschwestern. An zwei dieser Zimmer grenzte das Badezimmer, ich glaube, das hatte keine Türen. In dieser Gemeinschaft gab es nicht die geringste Möglichkeit, allein zu sein. Man hatte in einem Zimmer ein Bett, einen Nachttisch, einen gemeinsamen Schrank; irgendwo muß ich einen Koffer gehabt haben, bei mir hatte ich nur meine alte Schultasche mit Lehrbüchern und ein paar Briefumschlägen. In diesem Zimmer war kein Tisch, an dem wir arbeiten konnten, wir saßen auf unseren Betten und schrieben unsere Hefte voll. In dieser Zeit war meine Handschrift noch ein wahres Handikap. Ich schrieb noch die eckige, undeutliche gothische Schrift. Und die schrieb ich außerordentlich unlesbar. Weil man auch keine Tinte für den Füller hatte, ging alles mit Bleistift. Ich weiß noch, daß ich meine eigene Schrift immer den Tanz eines wildgewordenen Pfingstochsen fand. Ja, so war das. Wenn man aus dem Nachtdienst zurückkam, suchte man sich ein leeres Bett. Im Schwesternhaus wurde nur geschlafen, und in einem Raum war Kursus.

Im Haupthaus waren im Parterre alle Büros. Dahinter die Küche, ein endloser Gang mit den Behandlungszimmern der Spezialisten, dann der Operationssaal mit allen Räumen, die dazugehörten, Gänge, Gänge, Gänge. Über diesen Räumen waren noch zwei Etagen: erster Stock chirurgische Abteilung, oben die Innere Station. Es gab, glaube ich, zwei Aufzüge, in jeden gingen zwei Rollbetten, und wenn so ziemlich alle Patienten im Keller waren, kam wieder Entwarnung.

Dem Haupthaus gegenüber war, in einem selbständigen Gebäude, die Isolierabteilung. Einen Straßenweg den Berg rauf kam man zu einem andern einstöckigen Gebäude, der Kinderstation. Man ging durch die große Türe rein. Links gleich das Sterbezimmer, vor dem im Gang zwei extra Stühle für die jeweiligen Eltern standen. Rechts die Teeküche, das Verbandzimmer, Badezimmer, ein paar Dreibettzimmer, und der Haustür gegenüber der Saal. Der Saal hatte an zwei Seiten hohe zugige Fenster. Ich kann mir nicht vorstellen, daß ich jemals in einem unschöneren Gebäude gewesen bin. Ja im Haupthaus war auch noch der Speisesaal: ein Zimmergang, in dem ein langer Tisch für etwa fünfzig Personen stand. Die Gänge waren bis Schulterhöhe gekachelt und das Stück darüber mit Ockerfarbe über bröckelndem Stuck angestrichen. Alles in Hagen war trostlos und scheußlich. Nur die Post, die von draußen kam, war manchmal erfreulich. Jedesmal, wenn mir die Mutter schrieb, war ich froh, daß sie noch lebte, denn die Bombardemente waren zahlreich, wenn auch noch nicht so total wie sie noch werden sollten. Auch hörte ich ab und zu noch was aus Bethel. Es war Herbst und Winter und schlechtes Wetter.

Meine neue Stationsschwester auf der Kinderstation war eine ganz alte Frau, die sicher schon längst ins Feierabendhaus der Schwestern gehört hätte. Man wird sie bestimmt gefragt haben, doch weiterzuarbeiten; denn überall waren viel, viel zuwenig Schwestern. Außer uns beiden arbeitete bei uns noch das Dienstmädchen Marianne. Sie war nur wenig älter als ich. Sie war nur für die Putzerei, und ein Dienstmädchen hatte einen sehr niedrigen sozialen Status. Nicht, daß sie noch weniger Geld bekommen hätte als wir, nein, sie bekam mehr, es war ja ihr Gehalt; aber die Dienstmädchen aßen zum Beispiel nicht mit uns am Tisch. In der Kirche saßen sie hinten (wo sie schneller als wir unbemerkt verschwinden konnten). Sie wurden geduzt, zu uns sagte man Schwester.

Der Chef des Hauses war Dr. Weiss. Ein unglaublicher Flegel. Meinen ersten Zusammenstoß mit ihm hatte ich ziemlich schnell. Es lag ein kleines Mädchen im Sterbezimmer, das Meningitis hatte. Es lag da in seinem Bett und kämpfte mit Fieber und Schmerzen. Es war sehr krank. Ich mußte ihm öfters den Puls zählen, denn man hatte angeordnet, den Puls alle Stunden einzutragen. Der schon sehr schnelle Puls war aber so unregelmäßig und schwach, und so schnell, daß ich ihn nicht genau zählen konnte. Ich zeichnete also Fragezeichen ein.

Die Eltern des Kindes saßen auf besagten Stühlen, sie wollten den Arzt sprechen. Da kam Dr. Weiss, sah die Kurve mit den Fragezeichen und ließ mich rufen. Er hat mich vor den armen Eltern ausgeschimpft, daß ich nicht mal Puls zählen könne, und ist dabei genau so grob geworden, wie er sein konnte, das hatte man mir schon gesagt. «Sorg vor allem, daß du mit dem Weiss keinen Krach kriegst, sonst wirst du es schwer haben.» Noch am selben Nachmittag ist das Kindchen gestorben. «Die Leichenwäsche muß in einen Extrasack», rief die alte Schwester über den Gang. Sowas war für mich ein Schlag auf den Hinterkopf.

Mit Herrn Weiss sollte ich schnell wieder zusammenstoßen. Es war für unsere Abteilung Operationstag. Ein paar unserer Kinder mußten operiert werden. Den Berg runter mußte ich die Kinder auf ihren Rollbetten zum Eingang des Haupthauses schieben und dann durch den Gang ins Vorzimmer des Operationssaales. Zurück half mir jemand den Berg wieder rauf. Aber es war ein windiger Regentag, und den Berg rauf mit den frisch operierten Kindern, die zum Teil noch an Infusionen hingen, war schon kein Vergnügen. Ich hatte diesen Morgen vergessen, mein Brot zu essen, und da sah ich meine Scheibe noch im Saal auf dem Teller liegen. Es war schon elf Uhr. Gerade hatte ich den Mund voll, da kam Dr. Weiss durch die Türe. Ich hielt entschuldigend die Hand vor meinen vollen Mund. «Zum Donnerwetter, das frißt und grüßt nicht einmal.» Es war wieder eine schreckliche Szene. Meine Achtung vor diesem Menschen ist nicht gestiegen. Doch wußten wir, daß wir von ihm abhängig waren. Er war zum Beispiel beim Examen dabei und bei allen Beurteilungen. Er war ja der Chefarzt des Hauses.

Eines Tages sagte die alte Stationsschwester zu Marianne und mir: «Holt die desinfizierte Matratze aus dem Isolierhaus.» Unbefugten war dieses Gebäude streng verboten, das wußten wir. Und niemand wäre dorthin ohne Auftrag gegangen. Also gingen wir ins Isolierhaus. Durch die Türe, die Treppe rauf, da liefen Personal und Patienten herum. Wir suchten jemanden, der Bescheid wußte. «Ach so, ja, die Matratze für eure Abteilung. Kommt mal mit.» Wieder durch eine

Glastüre, da war ein Desinfektionsschrank, und da holten wir die Matratze raus.

Als wir damit beschäftigt waren, kam eine andere Schwester. «Was macht ihr denn hier? Ihr dürft hier doch nicht reinkommen.» — «Wir müssen nur die Matratze abholen.» — «Ach so.»

Und so brachten wir die Matratze auf die Kinderstation. Sicher hätte ich diesen Vorfall lange vergessen, wenn er nicht so schlimme und einschneidende Folgen gehabt hätte. Wenige Tage später fühlte ich mich sehr elend. Als ich in den Spiegel sah, sah ich mein Gesicht voll roter Fleckchen, ein Ausschlag war's, der schnell über den ganzen Körper kroch. Ich erschrak, denn das konnte nichts Gutes sein, und zeigte es den Schwestern, und die riefen einen Arzt. «Och, das ist Scharlach», wurde mir leichthin mitgeteilt. «Dann mußt du in die Isolierstation.»

Hier an diesem Punkt ist meine Erzählung gescheitert. Nicht weil ich nicht mehr wußte, wie alles weiterging, ich weiß es noch genau. Aber mit mir war etwas geschehen, ich war krank geworden, ich wurde sehr krank und das eigentlich nur durch einen Leichtsinn und eine Unvorsichtigkeit, durch die man auch ein Opfer des Verkehrs werden kann. Diese Krankheit traf mich in Hagen, das mir, schon ehe ich krank wurde, gar nicht lieb war und wo ich zum ersten Mal in meinem Leben mich mit niemandem verbunden fühlte. Alles war dort überarbeitet und unpersönlich. Und von Anfang an hatte ich die Idee, es wäre nicht notwendig gewesen, daß ich krank geworden bin. Ich wußte damals nicht, wie schlimm es noch würde und wie sehr die Folgen dieser Krankheit mein Leben beeinflussen sollten. Und als ich bis hierher mit dem Erzählen gekommen war, hab ich erst mal das Papier liegenlassen und bin mit meinem Mann verreist. Die Idee, die Krankheit zu überschlagen und einfach nach Hagen weiterzuerzählen, habe ich schließlich verworfen. Ich brauche es nur einfach aufzuschreiben, in der Hoffnung, es dann los zu sein.

Aus unserm Schlafzimmer holte ich meine Schultasche mit meinem Kram und meldete mich im ersten Stock des Isolierhauses. Mir wurde ein Bett zugewiesen in einem schmalen Raum bei der Tür, gegen das Fußende stand noch ein zweites Bett bis zum Fenster, darin lag ein anderes Mädchen. Mein Auschlag war großenteils wieder verschwunden, aber ich dachte noch mit Schrecken an die Koliken, die ich am Tag zuvor gehabt hatte. Ich legte die Schultasche auf mein Bett und war in den Augen der Schwester dort nicht krank. Ich «durfte» aufbleiben, Kinder füttern, beim Waschen helfen, denn war ich nicht Krankenschwester? Die Treppe runter durfte ich nicht. Nur bei Alarm. Ob ich beim Kinderrunterschleppen die ersten Tage geholfen habe? Wahrscheinlich. Auf der Station, auf der ich war, lagen Diphterie und Scharlach durcheinander, und im Keller waren im Luftschutzraum auch noch ein paar Soldaten mit Flecktyphus und was sie sonst von der Front an Ungesundem mitgebracht hatten. Auf einmal fühlte ich alles sausen und drehen und es war mir eiskalt und danach hatte ich über 40 Grad Fieber. Und mußte ins Bett. Es sollte mehr als drei Monate dauern, ehe ich schließlich als gesund entlassen wurde mit vierzehn Tagen Erholungsurlaub.

Wochenlang hatte ich morgens 35 Grad oder etwas mehr und nachmittags 40 Grad, manchmal bis 42. Und alles kam der Reihe nach, was zu dieser schrecklichen Krankheit gehört, wenn sie sich richtig durchsetzt. Erst kam der Gelenkrheumatismus. Alles tat weh, die Hände verformten sich zu dicken, knubbeligen, krummen Dingern, mit denen ich nichts mehr tun konnte. Ich durfte nichts mehr trinken, warum weiß ich bis heute nicht, und bei dem rasenden Fieber hatte ich nichts als Durst. Sehr schnell war es so weit, daß ich gar nicht mehr aus dem Bett konnte, auch wenn ich es gewollt hätte. In den Zimmern war kein Waschbecken. Abends schoben die Schwestern Waschschüsseln mit Wasser unter die Betten. Daraus trank ich in den ersten Tagen, und als ich nicht mehr dran konnte, stand meine Zimmergenossin auf, um mir Wasser zu geben, das mir ja verboten war. Ich bekam vom Fieber und der Trockenheit Risse in die Zunge und in die Lippen, man gab mir ein Fläschchen Glyzerin um zu pinseln, aber das half nicht. Ich mußte viele sehr große Cibazoltabletten nehmen mit einem Eßlöffel Wasser. Dr. Weiss war mein behandelnder Arzt. Dann bekam ich Halsentzündung, konnte nicht mehr schlukken und auch nicht mehr heulen vor Schmerzen. Vielleicht war das Diphterie, das hatte mein Zimmergenossin, die auch sehr, aber nicht so sehr krank war wie ich. Sie schleppten mich nachts in den Keller, das fand ich so arg, weil alles so weh tat, daß ich bat, im Bett bleiben zu dürfen. Das wurde mir gestattet.

Hinter meinem Bett war in der Zimmertür eine kleine Scheibe, da sah ich manchmal das Gesicht der Mutti, sie stand dort weinend und winkend, sie durfte mir nichts geben, sie wohnte in Köln und ich lag da und konnte kaum meinen Kopf zur Türe drehen. Die Haare fielen mir in Büscheln aus. Nach sechs Wochen konnte ich große Stücke Haut abziehen, aber es ging nicht besser. Dann kamen auch noch schreckliche Ohrenschmerzen, und ich bekam Besuch. Der Pfarrer kam an mein verseuchtes Bett, legte meine Hände zusammen, um mit mir zu beten und mir dann zu sagen: «Wehre dich nicht gegen Gottes Willen, ich hab hier schon viele junge Schwestern sterben gesehen.» Das war in einem Moment, als ich hohes Fieber hatte, und diese Worte drehte ich wie einen Tennisball in meinem Gehirn hin und her, bis ich begriff, was das hieß. Ich fühlte nach langer Zeit eine Empörung in mir aufsteigen, die ich mit Freude fühlte, in der sich ein Lebenswille meldete, der mir geholfen hat, das schreckliche Bett und das Haus zu verlassen.

Mit den Ohrenschmerzen war's mir nicht geheuer. Ich fragte in einem guten Moment nach Dr. Junkers, bei dem ich oft mit einem unserer Kinder der Station gewesen war. Eine meiner Mitschwestern muß es ihm gesagt haben, und er kam. Über meinen Zustand war er entsetzt. Er hat mir in die Ohren und in die Nase gesehen, und in den Hals, durch den ich kaum noch schlucken konnte. Und er hat mich erkannt. Denn da war was geschehen, als ich noch nicht krank war. Ich war mit einem kleinen Mädchen bei ihm gewesen, das die Mandeln geschält bekommen sollte, wie das so schön heißt. Ich saß mit dem Kind auf dem Schoß vor ihm. Ich hielt das Kind fest, eine andere Schwester steckte dem Kind was in den Mund, daß der Mund auch offenblieb. Dann wurde was Betäubendes in den Rachen zerstäubt. Es war meine erste Tonsillektomie, ich hatte es noch nicht im Kursus gehabt. Auch dachte ich, daß das Kindchen betäubt war. Aber als er anfing zu schneiden, das Kind hatte die Augen offen und sah alles, fühlte auch alles, da fing es so an zu zappeln, daß ich es nicht ruhig halten konnte. Er wurde nervös und wollte das Kind schlagen, aber durch das Gezappel bekam ich die Ohrfeige. Da erschrak er sehr und hat sich sehr entschuldigt. Das Kind ist dann doch operiert und auch wieder gesund geworden. Ich war danach noch mit ein paar andern Kindern bei ihm, und die hat er gut behandelt, denn er war ein guter Arzt, nur eben so wie alle, überarbeitet.

Also er erkannte mich. Und er hat sich sehr für mich eingesetzt. Jetzt war Dr. Weiss nicht mehr alleine mein Arzt. Zunächst bekam ich viel zu trinken vorgeschrieben für meinen Hals. Und sobald ich kein Bazillenträger mehr war und fertig mit dem Verhäuten, hat er mich in ein Zimmer alleine auf seine Station genommen. Denn ich hatte ihm gesagt, wie das Verhältnis zwischen mir und Weiss war. Da durfte mich die Mutter besuchen. Ich war noch halb tot. Da kam auch ein Herzspezialist, der eine Herzklappenentzündung feststellte. Die Mandeln wurden mir rausgeholt –, zwar kein Vergnügen, aber in diesem Fall, glaube ich, schon richtig.

Noch im Isolierhaus war etwas Besonderes geschehen. In einem Moment, in dem ich hohes Fieber hatte, kam die Schwester an mein Bett, schob mir einen Zettel unter die Nase und sagte, Dr. Weiss wolle, daß ich das Papier unterschrieb. Damit unterzeichnete ich, daß ich nicht an einer Berufserkrankung litte. Ich protestierte und sagte das mit der Matratze, aber man zwang mich, ein paar Striche zu machen. Schreiben konnte ich nicht. Als ich dann bei Dr. Junkers lag und es mir noch so schlecht ging, hab ich ihm die Geschichte von der Unterschrift erzählt.

Nach drei Monaten war es soweit, daß ich entlassen werden konnte. Von Dr. Weiss bekam ich zwei Wochen Erholungsurlaub, danach sollte ich wieder weiterarbeiten in Hagen. Meine Mutter fuhr mit ihrem Auto beim Krankenhaus vor, ich stieg ein und war froh, daß wir nach Köln gingen. Weg aus Hagen, im Auto statt im Sarg.

Die drei Treppen rauf auf den Münstereifelerplatz fielen mir sehr schwer, aber die Freude zog, wieder da in meinem Zimmer zu sein. Und da saß ich auf meiner Couch. Ich fühlte mich wie in feuchte, heiße Tücher verpackt. Die Maggie von nebenan kam, als sie hörte, daß ich wieder zu Hause war, aber ich war noch total verstört. Die Mutter fand alles ein bißchen ungeheuerlich und sagte, nimm doch mal das Thermometer. Ja, ich hatte wieder über 39 Grad Temperatur. Sie rief den Onkel Doktor an und der kam sofort. Er untersuchte mich, horchte mich ab und sah sich die Bescherung an. «Köttelchen, was haben die da denn mit dir angestellt? Erst ins Bett mit dir und dann weitersehn.» Ich sagte, daß ich nur vierzehn Tage Erholungsurlaub hätte. Aber er sah sofort, daß es sehr viel länger dauern würde, bis ich wieder einigermaßen auf den Beinen wäre. «Also du kündigst in Hagen, und dann werden wir schon weitersehn.»

Mit bibbriger Handschrift kündigte ich in Hagen, weil ich mich zu krank fühlte, wieder anzufangen. Man hat meine Kündigung gerne angenommen, denn was hatte man an einer kranken Krankenschwester? Zu meiner Überraschung kam nicht nur ein herzlicher Brief aus dem Mutterhaus Sarepta, sondern auch ein sehr lobendes Zeugnis über meinen Fleiß, meinen Einsatz und wie viel ich in der kurzen Zeit meiner Schwesternschaft gelernt hatte. Und mit ganz guten Wünschen für meine Zukunft.

Ich war noch schrecklich krank. Ich hatte keine Ahnung, wie alles weitergehen würde, und ich war glücklich, daß ich alles weitere der Mutter überlassen konnte. Der Onkel Doktor hatte etwas von einer langen Liegekur gesagt. Köln, und dazu in einer Wohnung auf der dritten Etage und mit dem ewigen Fliegeralarm, war dazu nicht geeignet. Es wurde gedacht und herumtelefoniert, mir war alles eigentlich egal, wenn ich nur wieder gesund würde. Holland – Holland kam nicht in Frage, es war von Deutschland besetzt, und jedenfalls war da keine Gelegenheit zu einer Liegekur.

Sie fanden für mich ein Privatsanatorium in den Bergen, ein Haus, zu dem der Onkel Doktor so seine Beziehungen hatte. Ich sollte hin, sobald ich in Köln soweit war, kein Fieber mehr hatte und wieder ein bißchen laufen konnte. Aber ich war noch sehr wackelig und in allen Bewegungen hölzern, hatte wahnsinniges Herzklopfen und Schwindel, hatte immer die Idee, daß mein Körper die vielen Serumübertragungen, die ich in Hagen bekommen hatte — man hatte mir erzählt, daß das Homoseran aus Pferdeurin gemacht sei —, einfach nicht verarbeiten konnte, und es schüttelte mich bei dem Gedanken noch monatelang, oder aber, wie ich später dachte, das war noch eine direkte Reaktion. Daß ich in der Zeit nicht tot umgefallen bin, finde ich heute noch ein Wunder.

Es war jetzt Juni 1943, ich war während meiner Krankheit neunzehn Jahre alt geworden.

Mein Leben bekam jetzt eine ganz andere Richtung. Ich war keine Krankenschwester mehr, sondern ich war krank für mein Leben lang. Durch diesen Scharlach entstand auch ein Bruch in meinem Leben, denn alles lag wie weit hinter mir, und meine Aufgabe war, mit dieser Krankheit und mit ihren Folgen fertig zu werden. Jahre später habe ich mir überlegt, daß all meine Freunde und Freundinnen verschwunden waren, daß nur noch meine Mutter für mich da war.

7
Heidelberg

Meine Mutter, die für uns beide bei einer guten Krankenkasse versichert war, fand einen Platz für mich in einem schicken Sanatorium am Fuße der Alpen. Auch hier war es kein Problem, daß ich keine Lebensmittelkarten hatte. Die Küche dort war vom Krieg unberührt geblieben. Es war ein Erholungsort für den ermüdeten *Jet-set* jener Tage. Man machte ausführlich Toilette zu Tisch, die Damen trugen kiloweise Gold um ihre kränklichen Hälse, und sie drapierten sich mit norwegischen Silberfüchsen. Man unterhielt sich nicht, man konversierte.

Am Tisch hatten wir feste Plätze. Mein Tischherr, ein langer blonder schlanker Herr, zog mir immer höflich den Stuhl zurück und hätte sich niemals hingesetzt, wenn ich noch stand. Er war Deutscher, aber er pflegte seinen englischen Akzent wie seine manikürten Hände. Die Mahlzeiten dort waren für mich eine Qual. Vom Scharlach hatte ich einen Gelenkrheumatismus und darum noch ganz schlimm den Tatterich. Ein Teller Suppe konnte mich in dieser vornehmen Gesellschaft zur Verzweiflung bringen. Dann sagte ich schon lieber nein, danke. Auch Fleisch schneiden konnte ich nicht, weil überhaupt keine Kraft in den Händen war. Zum Glück ißt man in Deutschland nicht wie in Holland das Brot mit Messer und Gabel – ob ich sonst nicht noch verhungert wäre? Ich fühlte mich wie ein Tolpatsch.

Mir schräg gegenüber saß ein Mann, dessen schwarze Augen mich abwesend streiften, und ich fühlte das, als fasse er mich an. Er konversierte nicht am Tisch, er war ganz still, er war ein besonderer Gast zwischen den andern. Anfang Vierzig schätzte ich ihn. Er war Arzt und es war deutlich, daß er verstand, wie krank ich war.

Während der Liegekur auf der Terrasse überfiel es mich, daß die Welt ein rasender grüner Streifen wurde. Ein Art heftiger Schwindel erfaßte mich dann ganz unerwartet. Scheußlich war das. Ich bekam Bäder, Massagen und Spritzen und durfte erst nach einiger Zeit alleine im Park spazierengehen. Eines Tages wurde es mir im Park so schlecht, daß ich mich auf einen Stein niederließ. Da kam dieser Mann, stellte sich zu mir und sagte: «Frolleinchen, was hast du denn, ist dir nicht gut?» Er tat nicht vornehm, er duzte mich wie ein Kind. Er half mir, erklärte mir, was ich nicht verstand, und er hat mich wie ein rohes Ei zurückgebracht. «Und du gehst nicht mehr allein spazieren, wir gehen zusammen.»

Bald wußte ich, daß er Chefarzt der inneren Abteilung der Charité in Berlin gewesen war, daß er überarbeitet war und hoffte, im Sanatorium wieder zur Ruhe zu kommen. Ich verstand aber, daß es nicht nur die viele Arbeit war, die ihn krank gemacht hatte. Dr.

Niemeier war der einzige Deutsche, dem ich je begegnete, der ganz offen gegen die Regierung war. Ich vertraute ihm und erzählte ihm alles über meine Krankheit und wie es dazu gekommen war. Er verstand mich, und als ich mit der Geschichte fertig war, legte er fest seinen Arm um mich und sagte: «Truusje, du bist noch so wunderbar jung, es wird dir gelingen, deinem Leben eine gute Form zu geben.» Ob er sich in dem Moment bewußt war, wie sehr mich dieses Vertrauen erfreute? Man hatte mir ja immer vom Sterben geredet, davon, ganz krank zu sein, und mein Mut war zum Teufel, oder fast zum Teufel.

Dr. Niemeier war, nachdem er die Charité verlassen hatte, an die Universitätsklinik in Heidelberg berufen worden. Als seine Frau ihn nach ein paar Wochen abholte, gab er mir seine Visitenkarte und sagte: «Wenn es dir jemals wieder dreckig geht und du Rat und Hilfe brauchst, kannst du mich finden.»

Im Frühling 1944 — ich hatte den Winter 1943/44 auf einem Bauernhof in Scheidegg im Allgäu verlebt —, da war es soweit. Ich fühlte mich so schlecht, daß ich nur noch einen Ausweg sah: Dr. Niemeier. Er ließ mich kommen, ich ging nach Heidelberg und wurde im Krankenhaus aufgenommen. Dr. Niemeier schrieb mir strenge Bettruhe vor und erst mal sechs Wochen salzlose Kost. Ich ließ mich gehen und schlief mehr oder weniger ständig. Wenn Alarm war, fuhr man uns in unseren Betten zum Lift und in den Keller. Vor allen Dingen durfte ich mich nicht aufregen, also keine Zeitungen lesen, in denen, wer weiß, Berichte über Bombardemente auf Köln standen. Da wohnte meine Mutter ja noch immer. Als es mir so viel besser ging, daß ich endlich alleine zur Toilette gehen durfte, hab ich mich erst einmal ausführlich in das Toilettenpapier vertieft. Dort hingen an ordentlichen Haken säuberlich zerschnittene Zeitungen, denn spezielles Toilettenpapier gab es nicht mehr. Da saß ich und las allerlei, was sich so unterdessen getan hatte. Ohne Zusammenhang, denn es waren kleine Stücke. Eines Tages las ich da den Bericht, daß Paris von den Alliierten eingenommen worden war. Das hieß für mich: Paris war frei. Ich war hierüber so erregt, daß ich meine Freude deutlich zeigte. Dr. Niemeier erschrak und fuhr mich an. Ich verstand das nicht und war betreten. Da sagte er: «Ich werd' dir das später mal erklären, das kann ich dir jetzt nicht sagen.»

Einige Zeit später, ich war aus dem Krankenhaus entlassen, aber war noch sehr krank, saßen wir alle zusammen bei ihm zu Hause. «Komm», sagte er, «ich habe dir gesagt, daß ich dir was erklären wollte. Wir gehen ein Stück spazieren.» Um die Ecke seines Hauses war die Berggasse. Langsam stiegen wir den Berg rauf und sahen immer mehr, das ist das Schöne, wenn man einen Berg rauf geht. Es war herrliches Wetter, wir gingen ganz langsam, blieben oft stehen. Und da hat er mir gesagt, was er mir schon lange sagen wollte; wir waren ja allein, niemand hörte uns, und er kannte mich gut und er hatte mich schon öfters gewarnt, wenn ich leichtsinnige Bemerkungen machte auf politischem Gebiet: «. . . und wenn du durch irgendeinen Leichtsinn in ein Konzentrationslager gerätst, kann auch ich dich dort nicht mehr rauskriegen. Da würdest du jämmerlich untergehen.»

Das war ein Schock für mich, das war also so etwas Schreckliches, worauf auch er, in seiner in meinen Augen hohen Position, keinen Einfluß hatte. Wir liefen über die zauberhafte Bergstraße, sahen unter uns die alte Stadt Heidelberg immer tiefer sinken und immer mehr vom luftigen Mischwald der Kastanienwälder mit Buchen und Lärchen und Tannen. Und dazu dieses Gespräch. Wir liefen einen Schritt auseinander, er war alleine, ich war alleine; er sagte mir die Dinge, ich mußte versuchen, sie in einer andern Form zu begreifen als bisher. Er sagte mir eigentlich nicht so sehr viel Neues, und doch war alles mit einem Schlag ganz anders, es war wahr, es war wahr, alles war wahr, was ich bis dahin gehört und nicht gehört hatte. Es war wahr, was Hitler herumschrie und was er mit der Endlösung der Judenfrage andeutete: die totale Vernichtung der Juden und all jener, die sich nicht mit Hitlers Handlungsweise einverstanden erklärten. Alles war in vollem Gange, die Vernichtungslager, von denen er mir erzählte, liefen auf vollen Touren, Tausende, ja Millionen wurden registriert, verschickt, und schließlich vernichtet. Das heißt, daß sie alle fehlerlos organisiert ermordet wurden. Es war eine mächtige und schwindelerregende Organisation, die das möglich machte, das war noch was ganz anderes als das Schießen im Krieg. Und es war mir, als fielen mir die Schuppen von den Augen. Da wurde mir klar, daß all die gruseligen Redensarten, so halb als schlechte Witze dahingeredet, wahr waren. WAHR. Nie mehr in meinem Leben habe ich ein solches Gespräch mitgemacht. Man weiß etwas Schlimmes im Unterbewußtsein, und dann bricht es sich einen Weg, den Weg der Erkenntnis. Man stellt es sich plötzlich vor. Die Angst, die Aufregung, der Wille unserer jüdischen Freunde damals, aus Deutschland zu flüchten. Alles zurücklassen, aber weg. «Die Schornsteine rauchen, es wird mit Juden geheizt.» Und die Frau in der Kristallnacht: «Die ärme Jüdde.» Und die andere, die ihr den Mund zuhielt. Die «Rassenschande». Esther, die plötzlich Friedel hieß. Und der Lehrer, der Edith Rosenthal und Ingeborg Goldstein aus der Klasse schickte, und dann mich. Und dann die Lotte: «Also entweder ich oder das Judenweib.» Und das war das Ende und das war die Wahrheit. Und das war die Gefahr.

Es ist fast fünfzig Jahre her, dieses Gespräch auf der Bergstraße. Damals hat mich das kalte Grausen gepackt, weil ich etwas von der Wahrheit erkannt hatte. Und das war eine schwere und schmerzvolle Erkenntnis. Für mich persönlich war es nicht mehr als eine Warnung, ich sollte einsehen, was die Folgen einer leichtsinnigen Bemerkung sein konnten. Und das sah ich ein. Aber ich sah noch mehr ein. Wenn alles so war, wie mir gesagt wurde, und es war so, daran zweifelte ich nicht, dann sagte mir hier ein Mann etwas, worüber nie deutlich gesprochen wurde. Er fand mich jung, krank und unbesonnen. Darum warnte er mich. Er vertraute mir, denn ich bin davon überzeugt, daß diejenigen, welche wußten — es mußten ja viele wissen oder zum Teil wissen, was geschah —, daß also diejenigen auch schweigen mußten. Und zwar bedroht durch das, worüber sie schweigen mußten. So, nur so kann es gekommen sein, daß das deutsche Volk nach dem Krieg gesagt hat, und es war in seinen Augen keine Lüge: «Wir haben es nicht gewußt.»

Damit will ich nichts entschuldigen, aber seit dem Spaziergang über die Bergstraße hat mich fasziniert, wie so etwas durch ein normales und entwickeltes Volk hat geschehen können.

Daß jemand sich offen gegen die Regierung aussprach, war etwas, was ich bis dahin noch nicht erlebt hatte. Sicher, Jaeschkes waren nicht für die Regierung, ganz sicher nicht, und wenn Gisela nicht in den BDM wollte und zu ihrer Mutter sagte, daß ich doch auch nicht ginge, dann sagte Frau Jaeschke: «Truuselchen ist Holländerin, die braucht nicht.» Da wär' die Gisela auch gerne Holländerin gewesen, aber sie war es nun einmal nicht. In unserer Gegend in Köln wohnten viele jüdische Familien, die zum größten Teil rechtzeitig emigrieren konnten, noch ehe der Krieg ausbrach.

In Bethel war man auch gegen die Regierung. Aber man sprach es erst aus, als man angegriffen wurde. So wie Pfarrer von Bodelschwingh: «Dieses Haus wird nur über meine Leiche betreten.» Uns Schülern hatte man nichts über die Pläne der Regierung gesagt. Das war nicht feige, es war klug, denn wenn man etwas aussprach, in dem man kritisch war, dann drohte schon Gefahr: eine kleine Bemerkung oder eine kleine Denunziation, nicht einmal schlecht gemeint, von jemand, der ein bißchen aufschneiden wollte, der sich nicht einmal klarmachte, wie schlecht, wie unvorstellbar miserabel schlecht die Gegner waren. Eine Bemerkung von einem BDM-Mädchen über seinen Vater zum Beispiel, der ein bißchen anders dachte, zu der Führerin, vor der sich so ein Kind nur dick tun wollte, weil es ein bißchen böse auf den Papa war, konnte so eine ganze Familie in Schwierigkeiten, Prozesse bringen, oder so ein Vater verschwand ungesehen von der Bildfläche und war weg. Oder: «Bei uns hängt zu Hause kein Führerbild» war schon ein Grund zu richtigen Schikanen. Das Führerbild war Vorschrift, und wer es nicht hatte, hatte sicher einen Grund, es nicht aufzuhängen; und wer Böses wollte, hatte da schon einen Weg, Böses zu tun. Gisela hätte nie gesagt, bei uns hänge kein Führerbild, obwohl da keins hing, aber wenn ein Kind aus irgendeinem Grund, aus Dummheit oder weil es die Eltern mal ein bißchen ärgern wollte, zu seiner Führerin sagte: «Bei uns hängt kein Führerbild», dann kam das in die Papiere, und eines Tages kamen die Schwierigkeiten.

So war es eben. Schon vor dem Krieg. In den Geschäften hingen Plakate: «Feind hört mit!». Im Hintergrund eine Fabrik unter blauem Himmel, ein rauchender Fabrikschlot und ein nordisch schön gewachsener Handwerksmann mit dem Finger auf dem Mund. Feind hört mit. Weil er in der Fabrik natürlich Waffen machte. Oder Teile von Waffen, dann wußte er ja nicht, ob er ein Teil von einem Auto oder von einem Kampfflugzeug machte. So lernte ein jeder, für oder gegen, den Mund zu halten. Weil aber doch nicht alles verschwiegen bleiben konnte, auch wenn es sich nicht aussprechen ließ, entstanden Schlüsselbegriffe, in denen zwar was gesagt wurde, aber so, daß niemand es glaubte. Man konnte es sich nicht vorstellen. So wie das mit den Schornsteinen, die rauchten, die mit Juden geheizt wurden, und das mit dem Pergamentpapier, mit Lampenschirmen und Seife.

Als in dem Film *Shoah* von Claude Lanzmann der Friseur in Israel seine Geschichte erzählte und sagte, daß all das Judenhaar nach Deutschland geschickt würde, fiel der Stein der Erinnerung auf meinen Kopf: «Die Unterseeboote werden mit Judenhaar abgedichtet.» Was der Friseur sagte, war die andere Hälfte von dem, was man sich in Deutschland als makabre Geschichte so zuflüsterte. Und so schloß sich der Kreis, ein entsetzlicher Kreis.

Heute sitze ich an meinem Tisch in Amsterdam. Unser Haus steht an der Gracht in Hörweite von dem Denkmal «De Dokwerker», das zwischen den beiden Synagogen steht. Ein starker Arbeiter mit geöffneten Fäusten an seinen hängenden Armen, bereit zuzufassen. Er hat im Krieg gestreikt, weil seine Amsterdamer Mitbürger weggebracht wurden. Mit diesem Streik gegen die Deportation der Juden haben die Amsterdamer Arbeiter erkannt, worum es ging, und sich gewehrt und damit die Judenverfolgung aus den Wirren des Kriegsgeschehens gehoben und separiert.

Das waren ja zwei Dinge, die eigentlich unabhängig voneinander waren. Der Krieg von Hitler: Wir sind ein Volk ohne Raum; und die Endlösung der Judenfrage von Hitler: die restlose Vernichtung eines Volkes. Die Überheblichkeit von Hitler: Wir werden den Westen, Afrika und Rußland schon kleinkriegen; und die fixe Idee von Hitler: Die Juden sind unser Unglück, wir müssen sie ausrotten. Weil die Judenverfolgung aber auf einem anderen Geleise lief als der Rest des Krieges und weil es so etwas total Absurdes war, und weil der Krieg selbst ja schon reichlich genug katastrophal war mit den wahnsinnigen Verlusten an Menschenleben auf allen Seiten, mit der Verwüstung der Städte auf allen Seiten, mit allem, was abgeschossen und versenkt wurde: darum vielleicht hat man das grausige Geleise laufen lassen. Auch nach dem Krieg war das, und ist es auch heute noch, in Deutschland ein Thema, über das man fast nicht sprechen kann.

8
Scheidegg

Als ich noch im Sanatorium lag, hatte meine Mutter nicht stillgesessen. Sie fand für mich ein Unterdach auf einem Hof in Scheidegg im Allgäu. Da konnte ich nach dem Sanatorium zunächst noch ein Jahr bleiben. Wir fuhren mit dem Zug bis Endstation Scheidegg. Da stand der Pferdewagen, der uns die Landstraße runter und den Kienberg rauf fahren sollte. Mit dem alten Karg im karierten Hemd auf dem Bock und der braunen Lisa.

Es muß einer der goldenen Herbsttage gewesen sein, die ich so liebe, gerade dort. Da ist dann die Welt klein und intim, das Licht der Sonne und der Bäume ist goldblau, und auch die Wiesen sind golden und nicht grün. Die Luft tanzt und versteckt manchmal wochenlang einfach alles was es sonst noch gibt. Wie im Traum hörte ich das «Hoha» und «Herrgottsakra», als das Pferd die Kurve des kleinen steilen Weges nicht im munteren Trab raufrannte. Vom Dorf Scheidegg sah ich nichts, vom Bahnhof ging's durch einen hohen Wald, vorbei an der Sennerei, an den hügligen Wiesen mit Kühen und Kuhglocken und dann um die scharfe Ecke den steilen Pfad rauf zum Hof. Es wurde abgeladen, und ich stand zum ersten Mal vor dem Haus Ost-Kienberg.

Der Wagen hatte vor der großen dunklen Holzscheune gehalten, deren vordere Hälfte der Stall war und weiter der Stadel. Dann das schmucke Haus mit seinen silbernen alten kleinen Holzschindeln und den vielen Fensterchen. Unter der Haustür, die mit drei Stufen zu erreichen war, ein winziger, aber wild-bunter Herbstgarten mit Astern, Goldblumen und Dahlien. Dann im Gang das erste «Ja, moi!» von der kleinen Frau Karg, die mich wie ein Kind in die Arme nahm und mich in die Küche zog, um mich auf einen Stuhl zu setzen.

Die erste Zeit lag ich viel in meinem Zimmer und konnte vom Bett aus Scheidegg liegen sehen. Ich hörte noch die Stimme von Dr. Niemeier: «Du hast eben noch diese Herzklappenentzündung. Wenn du meine Tochter wärst, müßtest du ein ganzes Jahr ruhen.» Liegekur? Es zog mich zu den Menschen. Frau Karg stellte mir einen Liegestuhl auf die Wiese unter den Apfelbaum. «Ich sperre den Zaun zu, denn die Kieh' sind bees.»

So lag ich unter meinem Apfelbaum in der herrlichen Luft und zwischen den summenden Kuhfladen und schaute westwärts über das sonnige Land. Ich folgte mit den Augen den Hügeln des Rohrachtals und sah es in der Ferne opalfarben schimmern. Was bisher vage war, war etwas klarer, es lag am Wetter. Wenn ich mit der Sonne mitschaute, sah ich im hohen dunklen Wald an der gegenüberliegenden Seite einen schmalen hohen weißen Kirchturm mit dunklem Satteldach. Und eindringlich tönte durch wundersame Resonanz das Läuten der Glocke dieser kleinen weißen Kirche. Es war die Kirche von Möggers. Es war eine Zauberkraft, die mich mit der Glocke des kleinen Kirchleins verband. Beim Weiterschauen wollte ich entdecken, was das opalene Gleißen am Horizont war. Es mußte der Bodensee sein. Und da geschah etwas, das nur die verstehen können, die es selbst gesehen haben. Aus einem zitternden Licht trat langsam das Säntismassiv hervor mit seinen weißen Gletschern und den Bergketten dahinter. Ich konnte meinen Augen dieses Schauspiel, das sich langsam vor mir vollzog, kaum glauben.

Als die Berge aus ihrem Dunst getreten waren und das Wetter umschlug, wurde für uns alle das Leben auf dem Hof beengter. Es wohnten dort eine Menge Leute. Außer der Familie Karg waren in allen Zimmern Flüchtlinge aus den ausgebombten Städten untergebracht und außerdem ein behindertes Pflegekind.

Im Haus gab es nur einen dunkelgrünen Kachelofen, der im Wohnzimmer stand und gleichzeitig das elterliche Schlafzimmer mitheizte. Dort lagen Äpfel zum Schmoren drauf und am Rand oft ein paar schnurrende schlafende Katzen. Es war ein zärtlicher Duft, der durch das Haus zog. Im Gang vor einem blinden Spiegel bürstete sich Frau Karg ihr langes Haar, ehe sie es sich zu ihrem kräftigen langen Zopf hochsteckte. Aber immer waren mehr als zehn Leute im Zimmer. Und der Winter war lang.

Die Frühlingssonne schien und die Blumen kamen aus der nassen Erde, alles wurde grün und ich fühlte mich wieder lebenslustig. Ich hatte mich noch nicht weit vom Karghof weggewagt, denn ich traute mir noch nicht viel zu. Es war das Frühjahr 1944, der

Krieg zog sich in die Länge, die Front hatte eine unvorstellbare Kilometerlänge, die deutschen Soldaten wurden tief in Rußland zurückgejagt, aber so sagte der Volksempfänger es nicht. Auch in Afrika liefen deutsche Soldaten durch die Wüste und wurden da zusammengeschossen. Die besetzten Gebiete im Westen waren noch besetzt, Holland war besetzt, und ich glaube nicht, daß Onkel Wim und der Rest meiner Familie damals schon von meiner Krankheit wußten. Im Allgäu merkte man nicht viel vom Krieg.

Eines Tages wurde im Wohnzimmer über etwas gesprochen, bei dem ich meine Ohren spitzte: In Scheidegg war ein Privatkinderheim, das von einer Familie aus Leipzig geführt wurde, und da war Personalmangel. Ich ließ mir erklären, wo es war, und obwohl ich noch wackelig auf meinen sonst so kräftigen Beinen stand, habe ich auf den Bus gewartet und bin bis zur Kirche gefahren. Da stand ich. Ich sah das Gemeindehaus, das Postamt, die Gaststätte «Alpenrose». Die Häuser von Scheidegg sind große Holzhäuser, die von außen mit kleinen, runden Holzschindeln wie mit Schuppen von einem Fisch überzogen sind. Alle haben mächtig weit überragende schräge Dächer, von denen der Schnee abrutschen kann. Scheidegg ist wie ein Bilderbuch sein soll.

Ich lief also zum ersten Mal die Straße an der Kirche vorbei nach oben, kam am Schuster und am Bäcker vorbei und lief am Ende links hoch, hörte das Sägen der Skifabrik und sah gegenüber der Fabrik die große gelbe Schule für die ganze Gegend. Fast am Ende der

Straße, ehe es wieder den Berg runter ging, war das Gartentor vom Haus «St. Gallus». Es sollte sich zeigen, daß meine Schritte durch den Garten und ins Haus wichtig waren. Hier fing ein neuer Lebensabschnitt an, mit wenig Kraft, aber mit viel Mut.

Elizabeth Poeschl empfing mich freundlich aber eilig. Ja, sie hatte in der Tat einen richtigen Mangel an Personal. Am nötigsten hatte sie einen Holzhacker, jemand für die schwere Arbeit, für den Garten. Sie hatte in dem Heim etwa zehn Kinder im Alter von vier bis acht Jahren, die zum Teil zur Schule gingen und die größtenteils aus den Städten kamen. Auch hatte sie selbst eine Tochter von acht oder neun Jahren, Christine. Ihre Eltern und Christine wohnten oben im Nachbarhaus. Sie hatte niemanden, der ihr half, und es war einfach viel zuviel für sie. Ich sah sofort, daß diese Stelle eigentlich nichts für mich war, aber das Haus gefiel mir und sie auch. Ihr bewegliches Gesicht, ihre natürliche Eleganz, ihre schnelle Stimme die ein bißchen sächselte, mit der sie mir all die Arbeit aufzählte, die täglich gemacht werden mußte, das wurde im Stehen in der Diele gesagt. Ich erzählte, daß ich krank war und es nicht mehr gut aushielt auf meinem Karghof, daß ich Kinderschwester war und daß ich ihr schon gerne ein bißchen helfen wollte. Wir liefen durch die Küche, durchs Spielzimmer, schauten in die Schlafzimmer, in die Liegehalle, in eins der Kinderzimmer. Dort war eine Bettnische mit einem rosa Vorhang. «Das würde dann Ihr Zimmer sein.» Wir wurden uns schnell einig. Ich bekam auch ohne Marken zu essen und hundert Reichsmark Taschengeld pro

Monat. Da ich in der Zeit sehr wenig besaß, reichte mir die eine Schublade und ein Stückchen vom bunt bemalten Kleiderschrank. Hinter meiner rosa Gardine war ein Leselämpchen, ein gutes Bett mit genügend Decken; es ist mir eine liebe Ecke geworden.

Ich hatte also wieder eine Stelle, fuhr auf den Kienberg, bedankte mich herzlich für alles, packte meine Klamotten und zog am nächsten Morgen um.

In Scheidegg mußte ich mich als Ausländerin auf der Gemeinde melden. Ich ging also ins Gemeindehaus, legte dort meinen Paß vor und gab als Grund meines Verbleibens in Scheidegg die gute Luft und die günstige Höhenlage an. Holland liegt ja teilweise sogar unter dem Meeresspiegel. Der Beamte war schon bereit, mir die Arbeitsgenehmigung zu geben, aber, sagte er, ob es nicht viel praktischer wäre, jetzt die deutsche Staatsangehörigkeit anzunehmen. Ich hatte ja eine Stelle und dann würde mir niemand Schwierigkeiten machen, und nach dem Krieg könnte ich dann ruhig in Scheidegg bleiben . . .

Gedankenlos hörte ich ihm zu. Da fühlte ich mich wieder als das kleine Kind an der Hand meines Vaters, und in mir, ganz in der Tiefe, regte sich das Bild von meiner gläsernen Stadt: Abendschimmer, das Wasser, die Ulmen, die Hunderte großen durchsichtigen Fenster, all die schmalen, naiven Häuser, alle verschieden hoch, alle aus Ziegelsteinen in verschiedenen Farben, in verschiedenen Formen und doch in einer beglückenden Harmonie.

Ich hörte mich zu dem hilfsbereiten Beamten sagen:

«Ich habe meinem Vater auf seinem Sterbebett versprochen, mich erst mit einundzwanzig Jahren zu entscheiden, ob ich Deutsche werden will oder Holländerin bleiben.» Er respektierte diesen Satz, gab mir gleich die Arbeitsgenehmigung, und ich hatte noch ein Jahr Zeit.

Elizabeth war sich bewußt, daß ich nicht viel arbeiten konnte. Sie war ja froh, daß jemand im Haus war, wenn sie zum Einkaufen ging, da brauchte sie nicht die ganze kleine Gesellschaft mitzuschleppen wie bisher. Und da war Stopfkram, bergeweise. Im Spielzimmer hatte ich eine heilige Ecke mit dem Nähkasten und einem Waschkorb voller Flickzeug. Da stopfte ich brav alle Socken, nähte Winkelhaken, Lederlappen auf durchgewetzte Ellbogen, nähte Knöpfe an bis mir die Hände zu weh taten, weil eben noch nicht alles wieder in Ordnung war. Ich freute mich auf die Liegekur, die ich beaufsichtigen sollte. Wenn die «Lieblinge», wie die Kinder genannt wurden, alle auf ihren Liegestühlen lagen, legte ich mich auch hin und mußte nach den zwei Stunden mit Gewalt geweckt werden. Die Lieblinge fingen dann an zu toben, denn die waren ja nicht krank und müde. Elizabeth und ich hatten uns schnell aneinander gewöhnt; ich war ein müdes Personal, aber wir mochten uns.

Auch in diesem Haus war ein Speicher voller Überraschungen. Stapel Bücher und Druckfahnen und Papierabfälle lagen dort oben. Auch viele alte Kinderbücher, und so entstand die Gewohnheit, daß ich den Lieblingen vorlas, wenn sie wild wurden. Die Kinder lachten zwar über mich, wenn ich schon wieder schlief, aber sie waren auch gehorsam, wenn's sein mußte. Sie nannten mich Tante Trüßchen, ich hatte einen Mittelscheitel und einen Knoten im Nacken. Über meinen verschlissenen Kleidern trug ich weiße Kittel.

Elizabeth hatte etwas an sich, das ich nicht kannte, aber von dem ich spürte, daß es das ganze Leben im Hause beeinflußte.

Ich war ja gewöhnt, daß ein Kind immer fröhlich ist (Zitat meiner Mutter), daß ein Kind immer gehorsam ist, oder es bekommt Prügel (die Oma und Herr Braun in der Lohrbergstraße); aber hier hatte Elizabeth eine andere Auffassung. Sie war zwar manchmal wild und ausgelassen mit den Kindern, aber sie schimpfte nie und sie schlug nie und strafte nie. Sie verlangte keine Disziplin von den Kindern, sie wollte, daß die Atmosphäre im Haus fröhlich war. Wie sie das gemacht hat, weiß ich leider nicht, aber es war so. Sie hatte in ihrer Jugend in Schweden bei Elsa Brandtström gearbeitet, bei einer Frau, die eine ganz andere Auffassung von Erziehung hatte als der übliche Kadavergehorsam, der damals in Deutschland herrschte. Sie konnte mit ihren dunkelbraunen Augen Augen machen und lachend mit dem Finger drohen, und so kamen die Lieblinge wieder in die Reihe.

In ihrer Arbeit war sie rasend fix. Wenn wir zusammen Kartoffeln schälten, hatte sie zehn geschält, ehe ich eine fertig hatte. Als das nach einem Jahr noch so war, im Anfang waren es ja meine geschwollenen Hände und das sah sie auch, fragte sie mich: «Warum schälst du eigentlich nicht schneller?» Da hab ich es probiert, und das hat mir viel Zeit gespart.

Elizabeths Vater, Heinrich Poeschl, hatte einen Verlag in Leipzig. Er reiste ständig zwischen Leipzig und Scheidegg hin und her. Er war ein richtiger Vater, nicht bloß für seine Tochter, auch für Christine und auch ein bißchen für mich. Alle mochten mich vom ersten Tage an, alle hatten Verständnis für meine lädierte Gesundheit, niemand hat mich da je an zu schwere Arbeit gesetzt, aber er hemmte mich oft, wenn ich so gerne tun wollte, was ich gar nicht konnte. Ich verwünschte meine Schwäche, es hatte sich noch kein Gleichgewicht zwischen mir und meinem Körper, der mir noch immer Streiche spielte, hergestellt. Wenn ich morgens aus meinem Bett stieg, trat ich in Feuer, so schlimm war's. Das ging vorüber, ich beachtete es nicht, ich verwünschte es, doch davon wurde es nicht besser. Ich tat ja nur leichte Hausarbeit, und in einem Haus voller Kinder ist zwar manches schon leicht, doch für mich war's zu schwer. Und dann wurde mir himmelangst, es wurde mir schlecht und vor allem schwindlig. Dann konnte ich gar nichts vertragen, nichts, was man auch zu mir sagte. Wischen, oder die Betten überziehen. «Du mußt ihr das verbieten, Elizabeth, sie ist doch noch zu krank.» Manchmal mußte ich hinter meine rosa Gardine kriechen, weil mir zu elend war. Da wurde der komischste Arzt zugezogen, den ich jemals erlebt hatte, und das will was heißen.

Er kam also mit einem hölzernen Stethoskop, mit dem er mich abhorchte. Weil er so taub war, daß man ganz laut mit ihm sprechen mußte, war das wenig vertrauenerweckend. Ich schrie was von dem Scharlach,

ach, das war anstrengend, zeigte ihm meine dicken Knöchel und die schwierigen Hände. «Du hast nichts am Herzen, dazu bist du zu jung. Trink viel Pfefferminztee und Senneblättertee für den Stuhlgang. Der Stuhlgang ist wichtig. Achte immer darauf, auch bei allen Kindern hier. Es muß aussehen wie von einem gesunden Hund, am Ende muß eine Spitze sein, dann ist man gesund.» Amen. Zum Glück hatte Elizabeth so viel medizinische Einsicht, daß keins der Kinder gestorben ist. Wenn Mensch oder Kuh in Scheidegg ein Bein brachen, war er ein vorzüglicher Arzt. Im Winter sauste er auf den Skiern herum mit einem Rucksack voll von dem, was ein Arzt nötig hat; wenn man ihn bat, zu kommen, dann kam er. Bis er weit in die 80 Jahre alt war. Er holte die Kinder auf die Welt, er war sehr beliebt. Er war mit seinen apodiktischen Aussagen schon eine Persönlichkeit, nur durfte man nicht krank sein.

Hinter meiner rosa Gardine war mein Reich, aber im Zimmer selbst schliefen noch zwei Jungens, Klaus aus Berlin und Klausi aus Leipzig. Beide waren etwa sieben Jahre alt. Klausis Mutter wohnte in Scheidegg selbst. Sie kam öfters, aber sie konnte ihn nicht gut vertragen, weil er schwachbegabt war. Sie hatte eine Stelle und ihr Mann war eingezogen. Klausi war nicht böse, aber er verstand oft nicht, was los war. Dann gab's Mißverständnisse und er konnte wie ein Schloßhund heulen. Wenn er aufgeregt war und etwas sagen wollte, kamen seine Worte in Stößen. Oft hat Elizabeth dann ganz lieb zu ihm gesagt: «Komm, Klausi, setz dich zu mir und spuck's aus, ich sortier's.» In der

Schule war er natürlich ganz schlecht, die andern zwiebelten ihn, dann kam er in Tränen angerannt und schlug schluchzend die Türe hinter sich zu. Seine Handschrift war schlimm und seine Rechenhefte brachten ihn und uns zur Verzweiflung. «Och, Klausi, da ist wieder eine ganze Seite voller Spinnenbeine», sagte Elizabeth zu ihm. Klausi war das erste Problemkind, mit dem ich näher zu tun kriegte. Er war auch oft erkältet, dann hatte er Schnupfen, der unappetitlich war, aber wenn wir ihn extra verhätschelten mit einer Wärmflasche und einem extra Kissen, stand er beim Gutenachtsagen strahlend in seinem Bett und sah einen mit seinen blauen Augen und seinen abstehenden roten Öhrchen ganz zutraulich und glücklich an.

Klaus kam mit seiner Mutter aus Berlin. Die Mutter mietete ein Zimmer in Scheidegg, weil sie Tuberkulose hatte und hoffte, in der gesunden Scheidegger Luft mit der guten Scheidegger Butter wieder gesund zu werden. Leider war sie schon zu krank. Klaus selbst war gesund, aber zart. Durch allerlei, was er so zu Hause schon mitgemacht hatte, die kranke Mutter, die große Stadt, die Bomben in Berlin, und durch seinen sanften Charakter waren die beiden Klause gute Zimmergenossen. Sie stritten sich nie, und außer dem heftigen Schnarchen von Klausi, wenn er erkältet war, habe ich keine Schwierigkeiten mit den beiden gehabt.

Im andern Schlafzimmer, neben dem Badezimmer, schliefen die fünf Mädchen. Und unten, neben dem Spielzimmer, war das Zimmer der großen Jungens. Da kam eines Tages Andreas aus Berlin.

Das Kind war total verängstigt. Sein Haar war versengt, und der Inhalt seines Koffers stank nach Brand. Andreas schrie nachts, da konnten die andern nicht durchschlafen, und darum wurde er mit Klaus getauscht. Wenn er träumte, was im Anfang sehr oft geschah, humpelte ich aus meinem Bett, machte ihn wach und sagte ihm, daß wieder ein böser Traum gekommen sei.

Eines Nachts aber war es kein böser Traum. Hatten wir fernen Alarm gehört oder fernes Schießen? Elizabeth und ich standen am offenen Fenster im Kinderzimmer. Die Kinder schliefen und sind auch nicht wach geworden, denn alles hat sich ganz in der Ferne abgespielt. Es war eine klare Nacht. War es der Mond, der den Bodensee sichtbar machte? Das Land war dunkel, aber der See glänzte. In der Ferne standen ein paar helle Christbäume in der Luft, das waren weiße Leuchtraketen, die eine ganze Gegend taghell erleuchteten. Und die minutenlang still in der Luft standen, sicher wenn es windstill war wie in dieser Nacht. Es war wie Lampen in einem Operationssaal: ein bestimmtes Gebiet wurde bloßgelegt. Sicher wird in Friedrichshafen, wo die Christbäume standen, Alarm gewesen sein, und sicher sind die Leute, die da wohnten, in den Keller gegangen, aber was dann kam, dagegen half kein Keller. Wir sahen die Flugzeuge kommen, sie wurden zum Teil auch von der Fliegerabwehr in den Scheinwerfern erfaßt, es knallte etwas aus der Ferne. Und dann wurde nicht bombardiert, sondern es wurde brennender Phosphor aus den Flugzeugen geschüttet, und ehe die Christbäume mit ihrem weißen Licht ausgebrannt waren, brannte Friedrichshafen wie eine rote Fackel.

Manche Kinder blieben sehr lange, andere wurden nach ein oder zwei Monaten wieder abgeholt. So war immer ein bißchen Wechsel im Haus. Manche kamen und gingen fast ohne daß man es merkte, andere bliesen schon eine Wolke von Aufregung und Spannung vor sich her. Da kamen Briefe und Telefongespräche, da wurden Kinder verlegt, weil das Eckbettchen im Mädchenzimmer frei sein mußte, da kam was ganz Besonderes. «Stell dir vor, die Rita kommt mit ihrem Sohn.» Ich wußte nicht, daß diese Rita eine berühmte Opernsängerin war. Vor dem Krieg war ich ein- oder zweimal mit Jaeschkes im Opernhaus gewesen, ich kannte mit Namen und dazugehörigen Gesichtern nur ein paar Filmsterne: Zarah Leander, die immer in langen Kleidern spielte (Helmut hatte mir erzählt, daß sie häßliche Beine habe), Willi Birgel und seine Partnerin Brigitte Horney — Elizabeth war ein bißchen ihr Typ.

Also, die Rita sollte kommen. Mit ihrem Söhnchen Pan, der fünf Jahre alt und drei Käse hoch war. Es wurde geflüstert, daß sie einen ausländischen Künstler mitbringen würde, der oben im Wald im Lungensanatorium untergebracht werden sollte. Elizabeth freute sich auf den Besuch, da kam eine gute Freundin aus einer richtigen Stadt: aus der großen Welt; denn wir waren da in Scheidegg so am Rande des Dritten Reiches eigentlich doch nur Verschlagene.

Und sie kam. Pan sprang wie ein kleiner Gummiball um sie herum, durch den Glaskasten die paar Stufen ins Haus. Die weißen Kletterrosen blühten wild und gaben allen Duft, den sie hatten.

Rita sprang leichtfüßig und zwitschernd vor Freude, weil sie für ihren Sohn ein Plätzchen gefunden hatte, in unser Haus. Aus ihrer Tasche kamen Schachteln Konfekt mit zierlichen, tausendschlingigen Schleifen, das gab es schon noch, ich hatte sowas total vergessen. Wir gingen in das Zimmer, Pan blieb bei mir, ich zeigte ihm sein Bett und wir packten seinen Koffer aus. Elizabeth war mit Rita rauf zu den Eltern gegangen. Pan erzählte von Berlin und vom «Onkel Andrey». Er spritzte im Badezimmer mit Wasser und lief wie ein kleiner, wilder Prinz durchs Haus. Er war froh, daß er weg war von Berlin, und obwohl er wild und ausgelassen war, war er vom ersten Augenblick ein wahrhaftiger «Liebling».

An diesem Abend schliefen die Kinder schon, Elizabeth und Rita saßen nebeneinander in der Diele am Tisch unter der Treppe, und ich saß ihnen gegenüber. Elizabeth, die sonst im Hause die Fliegen husten hörte, hatte das Huschen oben nicht bemerkt. Da sah ich etwas Entzückendes: zwei vorsichtige, frech-runde Kinderfüßchen suchten mit vor Aufregung gespreizten Zehen die eine Stufe nach der andern. Da kamen die strammen rosa Beinchen und wahrhaftig die große Konfektschleife, die sich der kleine Mann energisch festgebunden hatte. So erschien der sonst 'rum splitternackte Pan zu abendlicher Stunde, schelmisch lächelnd, ein bißchen unsicher, denn er kannte uns ja noch nicht, in der Diele des Hauses. So hat er seinem Gefühl von unaussprechlicher Freude, weg aus dem zerbombten Berlin zu sein und zu gleicher Zeit seinen Eintritt in sein neues Zuhause kundzutun, Ausdruck gegeben.

Man ging in dem Haus noch eine Treppe runter und kam in den Keller. Wie so oft in den Bergen war der Eingang des Hauses hinten und zu ebener Erde, während an der Vorderseite noch Raum war für eine ganze Etage, die man durch eine Garagentüre betreten konnte. Weil Poeschls kein Auto mehr hatten, war die Garage die Waschküche geworden. Da standen auch die Vorräte, soweit wir die noch hatten. Jedenfalls große Regale voller Lageräpfel. Im Raum dahinter war die Heizung, da stand der dicke Baumstumpf, auf dem das Brennholz gehackt wurde. Links und rechts von der Treppe standen große Holztruhen, auf denen wir die Lieblinge anhosten, das heißt anzogen, wenn wir spazierengingen. Jedes Kind hatte seinen Garderobehaken und festen Platz im Schuhregal. Im Keller waren auch Leinen gespannt, um alles zu trocknen, wenn's regnete oder schneite. Rundherum lief ein Regal für Handschuhe, Socken, Schals und Mützen.

Ging man durch den Garten rauf, dann kam man zum Haus der Eltern von Elizabeth. Es stand wie ein Bügeleisen auf der Höhe, das einzige Haus im Allgäu mit fast flachem Dach, und hatte nach Süden einen runden Ausbau mit herrlichem Blick, wenn's nicht neblig war. Es war ein rauh zementiertes Haus, aus den zwanziger Jahren. Von dem Haus kannte ich nur das Wohnzimmer mit dem Rundblick. Man konnte da über die Dächer von Scheidegg durch die Wiesen bis zum Bodensee schauen, aber auch in die Allgäuer und Vorarlberger Berge. Und überall auf den Höhen die putzigen Spielzeugdörfchen mit glitzernden Zwiebeltürmen.

«Mother» saß dort in ihrem Lehnstuhl. Sie war groß, sehr schlank, sie hatte fast weißes, lockeres Haar im Knoten. Sie hatte ein Vogelgesicht. Mit ihren scharfen, gelassenen Augen suchte sie in der Weite ihre Ufer vom Mississippi, der unvorstellbar breit war und auf dem die Räderschiffe fuhren. Die Sonnenuntergänge, die sie von ihrem Stuhl aus sehen konnte, wenn die Sonne in tausend wilden Farben im Bodensee ertrank — für mich noch etwas, was mir zum Liebsten und Schönsten gehört —, diese Sonnenuntergänge waren für sie nicht so schön, weil der Bodensee ja doch nicht der breite Mississippi River war, nach dem sie unentwegt verlangte. Ich durfte jede Woche einmal zu ihr zum Tee kommen, da wollte sie mir Englischstunden geben, das wäre für mein Herz nicht zu anstrengend. Sie tat es mit Liebe und mit Leidenschaft für Poesie.

Ich fühle noch heute ihr großes Verlangen nach ihrer Heimat und ihr Verlangen, mir davon etwas zu vermitteln. Ihre alten Augen waren honigbraun, heller als die von Elizabeth und die von Christine. Alle drei hatten das gleiche indianische Profil. Sie sprach nicht gut Deutsch, wir verstanden sie schon, sie sagte auch nicht viel. Sie haßte den täglichen Krimskram, sie wollte ruhig und weise leben, aber das Dritte Reich, in dem sie gelandet war, machte das niemandem möglich. Ihr

Land war im Krieg mit dem Land, in dem sie wohnte, genau wie mein Land, und der Krieg hörte immer noch nicht auf. Es war ja auch erst Sommer 1944.

Doch ging es mir schon wieder viel besser. Mit den Kindern ging ich einkaufen. Wir hatten dann den Bollerwagen bei uns, Autos gab's kaum, und da saßen die Lieblinge im Bollerwagen und sausten runter bis zur Kirche. Sie waren schon vorsichtig. Dann ging's zum Bäcker Wilhelm, zum Kolonialwarenhändler Netzer, zum Metzger Wöhrle (der Mann war Soldat, aber die Frau schmiß den Laden) und bis runter zum Gemüsegeschäft Lenzing. Wir luden alles in den Bollerwagen, und so zogen die Kinder den Wagen wieder rauf, ein paar schoben, denn sonst hätten sie nicht mit mir einkaufen gehen können.

Auch gingen wir spazieren durch die blühenden Wiesen, über Hügel und durch den Wald. Überall kann man in dieser Landschaft sehen, wo man ist, doch kann man sich auch verlaufen. Blumen pflücken tat ich gern, jeder bekam zierliche Sträuße von mir: Gräser mit ein paar Arnikas, viele verschiedene Knopfblumen, dann winzige wilde Sonnenblumen, Glockenblumen, langstielige Enziane, die in vielen und dichten Büscheln einem so in die Hände wuchsen. Damals habe ich vielleicht nicht gesehen, wie nobel und hoch die schlanken Tannen dort sind, war mir nicht bewußt, wie zauberhaft die Sträuße waren, die ich pflückte, und die bunten Wiesenkränzchen, die ich für die kleinen Mädchen flocht, wenn wir auf einer Wiese saßen und noch ein Viertelstündchen Zeit hatten. Die

Kinder fanden es nett, aber nur Pan pflückte mit und ließ sich die Namen sagen. Wie ein Floh sprang er über die Wiesen, ausgelassen, als sei er gefangen gewesen. Und einmal auf dem Heimweg, da setzte er sich hin, wir waren schon ein paar Schritte weiter, ich schaute mich um und rief ihn. Aber er stand nicht auf. Also gingen wir zurück, die andern trottelten brav mit. Elizabeth hatte den Kindern eingebleut: immer alle zusammenbleiben in den Bergen, sonst verläuft man sich. Müde waren wir eigentlich alle schon ein bißchen. So kamen wir zum Pan. Der saß auf der Erde im Gras, und er blieb sitzen. Denn er schlief. Also machte ich ihn wach und er lief an meiner Hand weiter. Aber er stolperte über seine Füßchen, er gähnte und wollte getragen sein. Er war ja noch klein. Und was blieb mir übrig? Ich konnte ihn doch nicht einfach dalassen. Ich setzte ihn auf meine Schultern, und wir gingen so durch die Wiesen, den Berg sanft hinunter bis an die Skifabrik. Ich fühlte, wie er mit seinem Kopf auf meinem Kopf schlief, und ich hatte seine Beinchen in den Händen. Bei der Skifabrik habe ich ihn auf die Straße gestellt, denn auch ohne ihn auf meiner Schulter war mir das letzte Stück vom Weg mehr als genug. Die Kinder gingen zu Tisch und ich hinter meine Gardine, denn ich mußte erst ein paar Stunden fest wie ein Murmeltier schlafen, ehe ich wieder was sagen konnte. So zeigte es sich, daß es im Kinderheim halt doch keine «leichte» Arbeit gab.

Ich wurde wieder krank und ging zu Dr. Niemeier, wo sich die Ereignisse abspielten, die ich im vorigen

Kapitel beschrieben habe. Von Heidelberg aus nahm ich meine Arbeit voller guter Vorsätze wieder auf, aber meine Gesundheit ließ mich wieder im Stich. So kam es, daß ich Anfang des Jahres 1945 im Krankenhaus in Scheidegg lag. Das war eigentlich nichts anderes als ein großes bayrisches Bauernhaus in einem kleinen Gemüsegarten. Es war im Februar 1945, ich war noch nicht einundzwanzig Jahre alt.

Der Krieg, der uns im September 1939 als ein Blitzkrieg angedreht worden war, schien sich endlich seinem Ende zu nähern. Deutschland würde diesen Krieg verlieren, sicher nicht durch die alliierten Luftangriffe, sondern durch den sinnlosen Siegeszug der ersten Kriegsjahre. In diesem Zusammenhang erinnere ich mich an einen kleinen Witz: Hänschen hatte sich in der Schule die Wandkarte angesehen, und der Lehrer hatte Fähnchen gesteckt, überall wo deutsche Truppen lagen. Von Narvik über Stalingrad nach Afrika und dann in die besetzten Gebiete im Westen. Das alles erzählte Hänschen zu Hause am Tisch, und er fragte seine Mutter erstaunt: «Hat denn niemand dem Führer eine Landkarte gezeigt?» So ein Unsinn war dieser Krieg.

Merkwürdig war eine Veränderung der Mentalität. Mehr Leute als vor einem Jahr sahen das Kriegsende näher kommen, aber nur wenige waren noch so verbohrt, daß sie an einen gewaltigen Siegeslauf glaubten. Jahrelang hatte sich das Volk ruhig gehalten, denn Hitler hatte doch die Vergeltung versprochen, ein Wundermittel, womit er den Krieg mit einem Schlag in einen gewaltigen Sieg umwandeln würde: die Wunderwaffe V-2. Goebbels predigte diese Mär unverdrossen.

Man spürte was von diesem Mentalitätswechsel im kleinen Scheidegg. Da waren nicht nur viele Flüchtlinge aus den Städten aufgenommen, es gab da auch mehrere Russen, die sich mehr oder weniger offiziell bei uns aufhielten. Ich hatte gehört, daß oben im Wald ein russischer Bildhauer wohnte, aber ich kannte ihn nicht. Und in einem großen Haus an der Landstraße zum Westkienberg hatte sich eine russische Familie, ein Professor mit seiner Frau und seinem ganzen Anhang, niedergelassen. Man erzählte sich, daß es Ukrainer seien.

Sobald ich wieder aufstehen konnte, ging ich im kleinen Krankenhausgarten spazieren. Dabei begegnete ich einem anderen Patienten, der in einem Einzelzimmer lag. Er war Mitte Dreißig, hatte einen kugelrunden Kopf mit schwarzem, krausligem Haar und ebenso schwarzen Blitzaugen unter erstaunten runden Brauen. Er lachte mir zu und ich sah ein schneeweißes Raubtiergebiß. Er sprach mich höflich an mit einem schweren Akzent: Auch er kam aus Rußland, und zwar aus Kasan an der Wolga. Er war, wie er sagte, ein waschechter Tatare. All diese Leute wurden in Scheidegg zugelassen, sogar in ein Einzelzimmer gelegt. Für den Fall, daß sich der Krieg in eine bestimmte Richtung entwickeln würde, hatte man dann etwas vorzuzeigen, mit dem man seinen «guten Willen» beweisen konnte.

Boris hatte Tuberkulose, die er sich in Bergen-Belsen

geholt hatte. Was dieser Name bedeutete, wußte ich nicht. Ich verstand schon, daß dort ein Ort des Schreckens war. Wie er da rausgekommen ist, weiß ich auch nicht. Er war vom Gedanken, sehr ernst krank zu sein, entsetzt und vom Willen besessen, wieder gesund zu werden. Manchmal wollte er viel gekochtes Huhn essen, weil er dachte, daß das sicher gegen die Krankheit helfen würde. Er war ein gelehrter Mensch. In seinem Krankenhauszimmer hatte er eine große Arbeit angefangen: Er versuchte eine Grammatik Russisch-Türkisch-Deutsch zusammenzustellen. Das war keine Kleinigkeit. In seiner akkuraten Handschrift, als schriebe er auf einer Schreibmaschine, schrieb er viele Bogen voll. Was ihm aber fehlte, war Papier. Elizabeth gab mir viel Papier für ihn, und so freundeten wir uns an. Wenn ich ihn in seinem Zimmer besuchte, während er in seinen Kissen saß und arbeitete, unterdrückte er seinen Hustenreiz, dann war da eine Stimmung fröhlicher Konzentration; vielleicht war er froh, daß er Besuch von einem menschlichen Wesen bekam. Seine Sprache war ein ganz gepflegtes Deutsch, manchmal überlegte er einen Moment, ehe er weitersprach.

Im März, als das Wetter schön wurde, gingen wir oft nach dem Mittagessen zusammen spazieren. Meine ältere Freundin Martha hatte mir ein kostbares Buch geliehen, die «Göttliche Komödie» von Dante. Boris war dieses Buch nicht unbekannt, und zusammen sind wir durch all die Verse gezogen. Dann saßen wir auf einem dicken Baumstumpf am Pfade hinter dem Krankenhaus. Nach Monaten von totaler Erschöpfung konnte ich wieder lesen und sogar verstehen was ich las. Dieses kleine Tal hinter dem Krankenhaus — unten strömt ein Bach über die runden Steine durch Wald und Wiesen, wo auch heute noch keine Häuser stehen — ist mir mit seinen Blumenwiesen und dem Duft von frischem Wasser und Wald, dem Summen der vielen Bienen und Wespen, den vielen Schmetterlingen und dem hohen, manchmal mit weißen Schlagrahmwolken überladenen blauen Himmel eines meiner liebsten Fleckchen geblieben.

März ging vorbei und es wurde April. Dann, eines Morgens, es war ein sonniger blauer Frühlingstag, geschah etwas.

Ein Herold zog durch die Straßen von Scheidegg und rief laut durch sein Sprachrohr:
«AMTLICHE MITTEILUNG!
Unsere Gemeinde wird durch den Feind bedroht. Über das Rohrach nähern sich feindliche Truppen. Schwarze Truppen. Die Bevölkerung wird veranlaßt, Obstler, Wein und Schnaps wegzuschütten. Gegen Mittag werden die feindlichen Truppen Scheidegg erreicht haben. Steckt's d'Mädele in die Kleiderschränk'. Es ist der Bevölkerung untersagt, Kontakt mit den feindlichen Truppen aufzunehmen . . .»

Und so zog er von der einen zur andern Straße.

Ich glaube nicht, daß viel Obstler und Wein weggeschüttet worden ist, ich glaube auch nicht, daß sich die Mädele in die Schränke haben stecken lassen.

Was der Herold verkündete, galt nicht für mich. Für diesen Moment hatte ich seit dem Tode meines Vaters meine holländische Nationalität verteidigt. Nun war ich an der Reihe, mich zu freuen. Ich fragte meine Nönnchen um drei Stücke Stoff, rot weiß blau, und eine Sicherheitsnadel. Daraus nähte ich mir eine holländische Fahne, die ich mir auf meinen Busen steckte. So stand ich gegen Mittag am Zaun des Krankenhauses und wartete, was da käme. Boris stand neben mir. Was er dachte und fühlte — die Russen waren ja jetzt auch Sieger —, konnte ich in dem Moment nicht ahnen. Boris und ich waren aufgeregt und fröhlich. Es war der 30. April 1945.

Drinnen im Haus hörten wir die Leute jammern. Schwarze Truppen, was Schlimmeres konnten sie sich nicht vorstellen. Das Krankenhaus lag am Ende des Dorfes an der einzigen durchgehenden Landstraße. Sie mußten hier wohl vorbeikommen, aber wegen einer kleinen Kurve konnten wir nicht mehr als hundert Meter übersehen.

Und was kam? Es war eine lange Reihe brauner Marokkaner, alle in lange braune Kutten von dunkler Wolle gehüllt, mit Kapuzen. Tänzelnd und singend zogen sie mit ihren Nasallauten durchs Dorf. Jeder einzelne hatte eine dicke lange Girlande von Löwenzahn um. So was hatten sie daheim in ihrer Wüste sicher noch nicht gesehen. Sie winkten uns, denn wir waren die einzigen, die sie willkommen hießen. Ein paar französische Offiziere liefen mit, denn es waren ja französische Truppen. Am Ende der Kolonne trabten noch ein paar Mulis, bepackt zum Zusammenbrechen, auch mit bunten Bändern geschmückt und mit den gelben Girlanden der Saison, die sie nicht fraßen, weil sie ihnen nicht schmeckten. Das also war der Anfang einer neuen Zeit.

Einer der Franzosen lief durch unsern Garten ins Haus und in die Nähstube, die neben der Haustür war. Er schoß durchs Fenster in die Luft, brüllte was herum und lief wieder weiter. Und ließ das entsetzte Krankenhaus zurück.

Die Marokkaner richteten rund um Scheidegg ihre Zelte auf. Da waren nächtliche Lagerfeuer, und durch die Abende hörte man ihre Musik und ihr Singen. Ich muß sagen, Scheidegg hat eine fröhliche Besatzung gehabt, und weil sie nicht gestorben ist, lebt sie noch heut'.

Der Krieg war vorüber. Ich war befreit. Das Dritte Reich war über uns gekommen, hatte alle und alles umfaßt und angefaßt und unglaubliche Kräfte mobilisiert — man war weitermarschiert, und alles war in Scherben gefallen. Statt des versprochenen Endsieges — Räder müssen rollen für den Sieg — war der heimgesuchte Teil von Europa ein trauriger Trümmerhaufen mit unendlich vielen Toten geworden. Viele Millionen Männer, die singend die Mütter und Frauen und die Kasernen verlassen hatten, waren «im Feld» geblieben. Irgendwo.

Der Führer, der alle ins Unglück gejagt hatte, hatte in seinem Bunker seinem wahnsinnigen Leben ein Ende gemacht und den andern die bange Frage, wie es nach diesem Abenteuer weitergehen solle, überlassen. Ein schrecklicher Diktator hatte sein Land und danach sich selbst zugrunde gerichtet.

Der Krieg war jetzt vorbei. Die Luftangriffe hatten aufgehört, Schiffe wurden nicht mehr versenkt, und auch kein Flugzeug wurde mehr abgeschossen. Das grausige Morden hatte aufgehört.

Das dachte man.

Aber zu den Siegern gehörte leider ein anderer mächtiger Diktator. Er beherrschte das geliebte große Land des Russischen Bären. Alle, die es von dort weit weg verschlagen hatte, liebten ihr Land, ihre Sprache, ihre Leute, die noch da waren. Die meisten aber hatten die große Angst vor ihrem Diktator vergessen. Er konnte doch zufrieden sein, er gehörte ja zu den Siegern.

Als dann auch in Scheidegg ein Aufruf kam, daß alle Russen sich wie die Schwalben versammeln sollten, um in einem langen Zug in die Heimat zurücktransportiert zu werden, war das etwas Selbstverständliches. Doch sofort entstand die Diskussion, ob man dem Aufruf folgen solle oder nicht. Die meisten folgten dem Ruf und gingen aufatmend.

Boris jedoch, der ja krank war, und Andrey, der Bildhauer, der oben im Walde lebte, und die ganze Familie von Professor Kraftschuck, die im großen alten Holzhaus an der Landstraße wohnten, sind schließlich schweren Herzens geblieben.

Die andern also gingen. Und darum folgt hier noch die Geschichte von Walja.

Als ich im Sommer 1945, nach dem Ende des Krieges, wieder ins Kinderheim zurückkam, war da jemand im Hause, den ich noch nicht kannte. Das war

Walja. Sie war Russin, zweiundzwanzig Jahre alt, genau wie ich. Sie war mit einem Armenier verheiratet. Sie war Lehrerin, sprach ein bißchen Deutsch. Sie schlief im kleinen Seitenkämmerchen. Weil an mir alles noch ein bißchen kränklich und auch sonst aus dem Leim war, habe ich behalten, wie prachtvoll gesund und harmonisch rundlich Walja war. Die hohen Wangen und der Schnitt der Augen mochten schon ein bißchen chinesisch gewesen sein, aber die Augen waren hellblau, ihre Haut sacht hell, und wenn sie fröhlich war, hatte sie ein bißchen rote Bäckchen. Sie hatte volle breite Lippen, und wenn die sich öffneten, strahlten da zwei Reihen wirkliche Perlenzähne, alles war rund. Alles war auch geschmeidig und beweglich. Ihre Gesten waren kräftig und ihre Bewegungen ganz natürlich abgerundet. Sie war ein großer Kontrast zu Elizabeth, die wie eine Wilde schuftete und organisierte. Walja beeilte sich nie. Und war doch immer fertig. Sie sprach auch langsam und deutlich und leise. Sie war Russin, Alliierte, und war sich bewußt, daß sie im besiegten Gebiet war. Woher sie kam, weiß ich nicht mehr.

«Du viel zu krank, nicht mehr arbeiten», sagte sie zu mir.

Sie hatte ein graues Baumwollkleid mit feinen weißen Streifen an. Von oben glatt und straff, mit weißem Kragen und einem angekräuselten Rock. Dazu trug sie flache braune Spangenschuhe. Walja hatte ganz dichte, hüftlange Haare, die sie manchmal in einem Zopf hinten trug, manchmal in zwei Zöpfen über ihren runden Ohren. Und sonntags steckte sie sich die beiden langen Zöpfe wie eine hohe Krone zwischen den Ohren zu einem kunstvollen Diadem. Das ging ganz fix im Spiegel im Spielzimmer, da stand sie mit ein bißchen gebeugten Knien, denn sie war zu groß für die Höhe des Spiegels, und mit ihren geschickten runden Fingern zauberte sie sich eine Krone und schritt dann durchs Haus wie eine Königin aus einem östlichen Märchen.

So, in dem nicht schönen Kleid und den uneleganten Schuhen, mit ihrer ruhigen Ausstrahlung und ihrer großen einfachen Schönheit, werde ich sie nie vergessen.

Es gab nur einen Punkt, worüber sie sich aufregen konnte, das war, wenn das Telefon ging und ihr Mann anrief. Der war auch irgendwo in Deutschland. Seinen Namen habe ich vergessen. Dann hielt sie den Hörer fest in der Hand und hauchte «da, da, da da da», und dann rief sie wild «da, da», und dann war das Gespräch beendet.

Eines Tages, nach so einem Telefongespräch, kam Waljas Mann zu uns ins Kinderheim. Er war das genaue Gegenteil von ihr. Er war als würde er gejagt. Er war lang, länger als Walja, hatte schwarzes Haar und dunkle Augen und einen Riesenschnurrbart. Er trug einen Affen auf dem Rücken, an dem ein paar Töpfe hingen, und hatte dreckige Stiefel. Er umarmte Walja, trug sie herum, wollte sie nicht loslassen.

Wie lange Walja bei uns war, weiß ich nicht mehr. Als es soweit war, der Krieg war ja vorbei, wurden die Russen, die es in unsere Gegend verschlagen hatte, versammelt. Sie sollten wieder nach Rußland zurücktransportiert werden. Es schien ganz logisch, denn der Krieg war ja vorbei.

Walja freute sich. Sie und ihr Mann hatten beide überlebt und sich auch schon wiedergefunden. Sie wollte in ihrem Land, das ja auch unter dem Kriege gelitten hatte, als Lehrerin beim Wiederaufbau helfen. Die Liebe zu dem Russischen Bären, die sie beseelte, hatte die Angst vor ihm überwunden.

Aber dieser Transport aus Deutschland nach Rußland hat die Heimat nicht wiedergesehen.

Alle, so hörten wir später, sind auf dem Heimweg erschossen worden. Erschossen von den Russen, ihren Landsleuten, Walja und ihr Mann und die anderen. Zwar waren sie Sieger, aber man sah in ihnen Landesverräter. Und ob es nun logisch ist oder nicht, alle sind noch nach dem Krieg erschossen worden.

Truusje Roegholt wurde 1924 als Kind holländischer Eltern in Köln geboren. Ihr Vater kam aus Amsterdam, wo sie oft bei ihren Großeltern zu Besuch weilte. Auf einem Spaziergang den alten Kanälen, den Grachten, entlang sagte ihr Vater: «Guck mal, Kind, Amsterdam ist eine gläserne Stadt.» Dieses Bild prägte sich ihr ein.

Obwohl ihr Vater schon zu Anfang des Jahres 1940 starb, gelang es ihr, trotz wiederholten Druckversuchen seitens der nazideutschen Bürokratie, ihre holländische Staatsangehörigkeit über den Zusammenbruch des Dritten Reichs und das Kriegsende hinaus zu behalten.

1938 verließ sie Köln und besuchte in der Folge verschiedene Internate; vom Kriegsausbruch wurde sie in den Sommerferien in Zürich überrascht. Ihre Schulzeit beendete sie in Bethel; dort arbeitete sie anschließend als Schwesternschülerin und wurde dabei von einer langwierigen Krankheit heimgesucht. Das Ende des Krieges erlebte sie in Süddeutschland. Und hier wurde sie von einem russischen Bildhauer auf die dann mit Erfolg absolvierte Aufnahmeprüfung für die Kölner Werkschule vorbereitet. Sie hatte gesehen, was geschehen mußte und auch geschah.

1948, nach der Währungsreform in Deutschland, folgte Truusje Roegholt der Einladung ihrer Familie nach Amsterdam, ihrer gläsernen Stadt, in der sie ihrem Mann, einem Historiker, begegnete. Sie heiratete ihn und wurde Mutter zweier Kinder.

«Die gläserne Stadt», 1990 in Amsterdam unter dem Titel «De glazen stad» publiziert, ist ihr erstes Buch.

Im gleichen Verlag

Im gleichen Verlag

Corinne Pulver

Lilo

meine Schwester

«Ein Kontrapunkt in der Memoiren-literatur» – reich bebildert

Edition Hans Erpf